畅销3版

心理学与社交技巧

王丽晶 / 著
京师心智 / 组编

情商、智商、社交商 帮你提升个人吸引力　爱情、事业、交际场 助你拓宽人际关系网

Psychology and Social Skills

中国法制出版社
CHINA LEGAL PUBLISHING HOUSE

前言

想成为人见人爱、左右逢源的社交达人吗？那就学点心理学吧！提升自己的心理学素养，可以强化社交能力，在工作、生活和人际交往乃至恋爱、婚姻中更加游刃有余。

你知道如何洞察对方内心的真实想法吗？对方的习惯性动作、信手涂鸦、喜欢的宠物，甚至是签名风格、兴趣爱好、喜欢的发型、偏爱的色彩都会给你准确的提示，让你走进对方的内心世界。

你知道如何在社交场合让自己魅力四射吗？迷人的笑脸、热情的态度是必备的基本功；选择适合的话题、激发对方的共鸣，能拉近彼此的心理距离；幽默的谈吐、巧妙的自嘲可以增加你的人气。当然，千万别忘了对方的名字。

你知道如何让自己更受欢迎吗？满足他人的表达欲望，做一个忠实的听众；适当暴露自己的缺点，完美的人让人敬而远之；要学会换位思考，这样你才能在别人最需要帮助的时候伸出援手；给别人留余地，就是给自己留后路。

怎样才能拥有更多的朋友？偶尔欠朋友一个人情，对方会更喜欢你；多给朋友一点好处，一定不要驳了对方的面子；朋友之间也要保持一定的距离，但记得给朋友恰当的反馈，别让他觉得被忽视；朋友之间要经常见面，友谊之树才能常青，不过，如果你对朋友有什么忠告，一定要注意场合和方法，忠言不一定要逆耳。

在恋爱中，在婚姻中，在家庭中，在职场中，心理学还能给我们哪些启示和帮助呢？还是翻开这本书吧，里面一定有你需要的东西。

目 录

第一章

洞察心理，了解对方

通过眼神识人心

文艺复兴时期，意大利伟大艺术家达·芬奇说：“眼睛是心灵的窗户。”眼睛直接传递出一个人最真实的一面，透过眼睛，可以窥探一个人内心微妙的情感。《蒙娜丽莎》以其永恒的微笑倾倒了无数欣赏者，透过画像逼真的眼睛，人们读到了不同的情感，有浅浅的笑意，有淡淡的忧郁，甚至难以言表的内心世界。

现实生活中，眼睛的威力也不容小觑。一位建筑家曾画过一幅“皱着眉头的眼睛”的抽象画，镶于大透明板上，然后悬挂在几家商店前，想借此减少偷窃行为，果然，偷窃率大大降低。虽然并不是真正的眼睛，但对做贼心虚的人来说，却构成了威胁，极力想避开画面上的视线，以免有被盯梢的感觉，因此不敢进入商店内。

心理学认为，人心里的想法和欲望最先反映在视觉上，视线的移动、方向等都表达着不同的心理活动。态度、表情、行为、举止等都可以通过后天修炼来伪装，而眼神是最难掩饰的。这是由于瞳孔的变化是人不能自主控制的，瞳孔的放大和收缩，真实地反映着复杂多变的心理活动。一个人感到愉悦、喜爱、兴奋时，他的瞳孔就会扩大到平常的四倍；相反，一个人感到生气、厌恶时，他的瞳孔会收缩得很小；一个人对所看到的对象漠不关心或者感到无聊时，瞳孔不发生变化。

成功的社交活动离不开对别人的观察，很多时候都需要根据对方面部表情的变化来调整自己下一步的行动，面部表情中最有特点的就是眼睛。眼睛是五官中最敏锐的，被称为“五官之王”。所以，一个人内心有什么变化，有什么事情，都会在眼睛中折射出来，眼睛里流露出的是真情实感。看眼睛，重在眼神，通过细致的观察，敏锐感知眼神的变化，了解对方，决定自己的行为和进退，这样才能在人际交往中如鱼得水。那么，如何慧眼识人呢？

一、通过眼神分辨品行和善恶

想要了解一个人的心地、人品、德行和善恶，没有比观察他的眼睛更好的方法了。一个真诚实在的人，其眼神如晴空之朗月，给人一种憨厚感；一个心地纯善的人，其眼神如澄澈之湖水，给人一种慈眉善目之感；一个阴险狡诈之人，眼睛虽然清澈，但游移不定，似睡非睡，似醒非醒。如果眼睛闪闪发光，表明他精神焕发，是个精力充沛的人；如果目光呆滞黯然，表明他没有斗志、索然无味；如果目光飘忽不定，表明他三心二意、拿不定主意或紧张不安；如果不敢正视或回避别人的眼神，表明他内心紧张不安或言不由衷、有所隐藏。

二、通过眼神来识别性格和为人

一般情况下，人们发怒或激动的时候，眨眼的频率就会加快，这说明频繁而又急速的眨眼行为是由内疚或恐惧的情绪引起的。眨眼也常被当作一种掩饰情感的手段。

眼神安详平静，表明对方内心沉稳有主见，有城府；目光敏锐犀利，生机勃勃有朝气，表明对方有胆识，锋芒外露，心思单纯；眼神似睡非睡，似醒非醒，总是像惊鹿一样惶惶不安，表明对方深谋图巧又怕别人窥探。

三、通过眼神窥探喜恶和情意

从他人的眼神中可以读到自己是受欢迎还是被拒绝，是被喜爱还是被厌恶，对方是真心还是假意，对方是喜悦还是忧伤，并由此决定自己下一步的行动。当一个人喜欢你，愿意亲近你时，多半会有凝视行为，眼神十分专注。眼睛滴溜溜地转动表明对方有机会就见异思迁；眼神飘忽不定表明对方心不在焉，有敷衍之意。

四、通过眼神猜测内心想法

与人初次见面时，通过观察对方的眼神，能猜测对方的内心想法。交谈时视线向下大多是胆小怯懦的表现，他可能在年龄、社会地位、能力上都不够自信，有一种紧张感。视线向上大多是自信的表现，他可能对自己的地位、能力有极大的自信，性格也比较外向。

交谈时，注意看对方的眼睛或视线，可以判断出对方心里的想法和下一步的意图。视线飘移不定即表示内心不安；呆滞眼神常见于情绪低落的时候，表示失去安定感，或者在思考某些事，对诸事漠不关心；一动也不动的眼神，通常表示受到某种沉重的打击，或者怀有强烈的敌对心理。温和而内向的人，视线若左右游移即表示拒绝。要学会判别各种眼神的含义，在交谈时保持自身内心的宁静，察言观色，随机应变。

随手涂鸦显个性

感到无聊或心情烦躁的时候，人们喜欢在纸上随手乱画，宣泄情绪。为什么人们喜欢涂鸦呢？这些信手拈来的图形有什么含义呢？这些涂鸦能否揭开人们的情绪密码呢？

第一个关注这些涂鸦图案的是心理学家弗朗索瓦·絮尔热，他列举出了 50 种经常出现的图案，这些图案大都是非常基础的形状，有某些象征意义。他曾说："涂鸦是一种发泄的方式，常常能让人放松、兴奋，或者帮助人们集中精力，它的作用有点像'抽烟'，能把人们从压力和情绪中解放出来。"他认为，信手涂鸦总是表明人们在某个特定时段的精神状态和情绪。絮尔热提出了涂鸦经常出现的四种心理学场景。

一是会议：在被动地听，没有机会或者不愿意发言的状态下，接受了某些信息并且下意识地通过写写画画来表达不同意或不满，并作出回应；二是谈话：尤其是打电话时，写写画画有助于厘清思路，圈定框架，或者确定目标；三是隐言：涂鸦可以表达所有不愿向对方表明的事情，如生气、恼火、欲望等情绪；四是独处：一个人安安静静地独处时，思绪天马行空，涂鸦成了跟自己对话的一种方式，表达此刻内心的真实想法。

精神分析学家让·特里斯唐·贝尔纳在研究了弗朗索瓦·絮尔热列举的50种常见图案的使用情况后，总结说："人类在婴儿的最初阶段就形成了一种几何学，这些符号代表着这种最初的几何图形。因此，从涂鸦中我们获得自己对形状的最早经验，是人内心本真的表达。"特里斯唐进一步解释说，涂鸦可以和各种感情联系起来，涂鸦时自然选择的图形唤起了不同的心理状态，这是一种通过重建自我认同的路径追寻自我的方式。所以，无意识的涂鸦往往能显示出人的个性，透过这些涂鸦可以解密对方的性格和情绪。

圆圈：一种自闭的信号，表达情绪化、敏感和寻找安全感。

四方形、三角形等有角的几何图：表明逻辑十分严密，善于思考，组织能力强。这类人大多数时候头脑清醒，思路清晰，有很好的判断能力和决策力，无法容忍别人改变或否定自己的意见。

单式折线：多出现在相对紧张的状态下，通常表明情绪不稳定，时好时坏；分析能力较强，思维敏捷，反应速度快。

栅栏：给人一种阻隔的印象。表明可能忍受着痛苦，觉得不自在或者拘束；也可能这是个很出众的人想藏起来，进行自我保护。

星号或星星：表示想闪耀、想散发热量；如果分叉过多而且离开了星星的主体，也可能代表一种溃散的危险。

锯齿：侵略性的象征，可能是积极的，代表斗志昂扬的精神；

也可能是消极的，代表怨恨或者恼怒的感情。

单词周围加框：肯定和信心的标志，可能显示一种完美主义，想战胜别人、战胜自己。这跟用笔在单词上重复描写非常相似。

堆起来的立方体：显示一种有条不紊的状态、一种前进的意愿或者一个正在形成的想法。

箭头：指向一个方向，体现了一种企图。箭头是否有尾翼、箭头加尖的程度所表现的这种企图的强度也不同。箭头的方向不同，其含义也不同，向高处——指向别人；向低处——指向自己；向左——指向过去；向右——指向将来。

格子：黑白相间，相反力量的对抗意味着犹豫不决，寻找自我，或者想要表示一种重要的挑战。

迷宫或螺旋：表示迷失自我，带有找寻方向的意愿，从左到右画，象征着非常谨慎；反之则表示敞开心扉。

一个方格内乱涂画不规则的线条：表明情绪低落，心理压力大，但不会悲观厌世，对人生还抱有希望，在想办法解脱，朝积极的方向努力。

各种不同面孔：笑脸，表示知足常乐；皱眉头则相反；扭曲变形的脸，表示内心痛苦和混乱不堪；大眼睛，表示生活态度乐观；用一个点代表眼睛，用一条直线代表嘴巴，则表示孤独。

三维空间的正方体、三棱锥、球体等几何图形：这类人大多深沉和稳重，也比较现实和实际，性格弹性很大，能收放自如。在面对不同的情况时，能够及时地调整自己。

飞机、轮船、火车：这是在发泄愤怒和挫折感。这类人时常会失去希望而陷入迷茫。自信心不强，较消极，总是把希望寄托在他人的身上。

总重复同一个图形：大多具有很强的获得欲望。这类人把希望变成现实的机会比较大，不屈不挠，一旦确定了目标，就不会轻易改变。他们遭遇挫折的时候绝对不会放弃，会用最快的速度调整好自己的心情，再去争取。他们有野心也有干劲儿，无论什么时候都知道自己在做什么。

从习惯性动作看性格

人的习惯性动作往往是泄露内情的标志，每个人举手投足间都能反映出他的心态和性情。这里所说的习惯性动作是一个人长期养成的、出现频率很高的动作，不包括那些偶然出现的，或在特定环境下发生的身体本能反应。

每个人都有自己的习惯性小动作，有些人紧张时会抠指甲、咬嘴唇、双手握拳；有些人说谎时会眼神飘移，双手背后；有些人焦虑时喜欢抓头发、挠耳朵……这些无意识的习惯性动作都从侧面反映出一个人的心理活动和性格。

摇头晃脑：这类人比较自信、自负，甚至唯我独尊，在社交场合很会抓住恰当的时机表现自己。

边说边笑：这类人大都性格开朗，对生活的要求简单随意，知足常乐。对友情、亲情特别珍惜，感情专一，人缘较好。

掰手指节：这类人通常精力旺盛，十分健谈，个性有点执着，比较挑剔，但如果是他们认准的事情，就会踏实努力地去干。

腿脚抖动：这类人比较自私，很少顾及别人。但他们非常善于思考，经常提出一些令人意想不到的问题和方法。

拍打头部：表示懊悔和自我谴责。这类人心直口快，为人真诚，富有同情心，愿意帮助他人，但守不住秘密。

摆弄饰物：这类人比较内向，感情不轻易外露，但做事认真踏实，心思细腻。

耸肩摊手：这类人大都热情诚恳，富有想象力；会创造、享受，追求和睦舒心的环境。

抹嘴捏鼻：这类人大都喜欢捉弄别人，爱哗众取宠，一般没有主见，很容易被人支配。

常常低头：这类人是慎重派，讨厌过分激烈、轻浮的事，为人勤勤恳恳，会不遗余力地帮助朋友。

摆弄头发：这类人较情绪化，常常感到郁闷焦躁，对流行趋势很敏感，但对任何事物都忽冷忽热，难有定性。

倚靠着某种物体：这类人属于独自奋斗型，有坚韧不拔的斗志，大多性格冷酷，但有较强的责任感。

手握手臂：这类人是保守派、非理性的，很少拒绝别人。

到处张望：这类人是社交乐天派，对什么事都有兴趣，心思单纯，爱憎分明，会直接表现对他人的喜恶。

现代科学研究证明，手是人体中触觉最为敏感、肢体动作最多的部位，手可以充分表达感情，手指灵敏到可以感觉振幅只有0.00002毫米的振动。人的大脑皮层除控制面部表情外，绝大部分就是控制手的动作。人们习惯于说话时加以手部动作辅助，或者完全用手势语言来表达感情。所以，仔细观察一个人手势的变化，能敏锐地捕捉到对方的心理信息。

如果对方说话时不经意间有用手摸鼻子的小动作，这说明他有可能是在说谎。因为人在撒谎时，鼻子会因充血而膨胀，让人感到鼻尖发痒，会下意识地用手去摸。这个动作也可能是由于对方内心犹豫不决，未能作出明确的决断，精神上有点紧张。

喜欢把手放在嘴上的人性格敏感，是个秘密主义者。这类人常常喜欢嘴上逞强，但内心却非常温柔细腻。

两手交叉，双肘撑在桌上，体现了一种充满自信的心理状态。这类动作也隐含着拒绝的意思，表示对他人设立了心理屏障。

说话时把手插在口袋里或者背到身后，表明对方不够信任你或者有不愿暴露给你的一些秘密，有疏远之意。

无意识地十指交叉，是一种典型的防卫姿态，说明对方身体或精神上可能受过严重的伤害，存在心理阴影。而将十指相对做尖塔形状，说明对方对你所说的内容感兴趣，正在思考。

不停地用手搔头或摩挲别的东西，是不耐烦的表现，说明对方对你谈话的内容没有任何兴趣。这个动作有时也是思考的表现。

除了手势动作，站姿、头部动作等，身体语言也能体现一个人的性格。如果我们在日常生活中仔细观察，不难看出喜欢挺胸的人肯定充满自信，心态积极；喜欢含胸的人肯定不那么自信，或者天性羞涩，心态相对消极。习惯站立时两脚并拢或是自然直立的人，一般乐观积极，非常自信；习惯两脚自然站立，双手插在衣服口袋里的人大多是小心谨慎的，想得多做得少。习惯头部上扬的人通常自视甚高、傲慢自大；头总是低垂的人通常内向而温柔，细心体贴地关照别人；头部经常侧偏的人充满好奇心，但过于固执，缺乏忍耐力。

通过细节识谎言

说谎是人类的天性。现实世界中，到处充斥着谎言。谎言说一千遍也成不了真理，因为谎言就是谎言，无论多么完美，总会存在破绽，一个小小的细节瞬间就将谎言构建的海市蜃楼击得粉碎。

人在社会活动中，习惯用语言与身体动作表达自己的思想与观点，因此，言行就成为识人的一个基本要素。而人类大脑和身体的构造十分精密复杂，出于自然的本能保护，一个人绝不会简单、直接地把自己内心的想法暴露出来。所以，人们在许多场合会有意约束自己，把外化的言行与自己的内心世界剥离开来，在面具下隐藏真实的自己。

在社交场合，说话太实在会让交往双方都感到尴尬和难堪。因此，谎言在社交活动中便随处可见，仿佛只有说谎，社交活动才能更有效、更顺利地进行下去。之所以产生这种现象，有两个根本原因：一方面是为了取悦他人，另一方面是为了保护自我。

《朋友的真谛》中有这样的说法：所谓朋友，除了互相督促，互相促进，还有就是互相吹捧，无原则地认可对方，友谊方能更长久；感情再好的朋友，如果天天按严格的世俗标准去要求对方，两人之间的关系迟早会破裂。无论多么谦虚的人，如果每天都听到朋友们的批评和反对意见，心里也会不高兴。朋友总是在别人都反对的时候支持你，在别人都误解的时候相信你，所以，友谊也是有些盲目的。

不论多么善于隐藏的人，也会在某些言行的细节上露出破绽，身体的某些部位还是会辅以诚实丰富的非语言行为，只要抓住这些小细节，对方的真实面目就会昭然若揭。那么，如何通过细节识破谎言，让自己具备一双“识人慧眼”呢？

一、观察面部五官变化

表情是秘密的泄露者。真实的表情转瞬即逝，超过一秒钟便是假装的。眼睛是透露心理信息的通道。撒谎者不像惯常理解的那样会回避对方的眼神，反而会非常认真地注视或凝视你的眼睛。千万不要误以为这是真实和真诚的信号，这是一个谎言的陷阱，说谎者需要依靠眼神交流来判断你是否相信他说的话，所以在虚情假意时，对方是不会眨眼的，因为他不想错过观察你心思的任何机会。

叙事时眼睛朝斜下方看，这代表大脑在回忆，一般来说对方所说的是真话，因为说谎不需要回忆。说谎前眼神会飘移，说完后，眼神会很肯定。在被反驳时，说谎者的眼神会再次出现飘移。

不时抿嘴，表示对信息的不确定；咬嘴唇，则说明紧张或者害怕。明知故问时眉毛会微微上扬。当对方面部表情两边不对称的时候，此时的表情极有可能是装出来的。假笑时眼角没有皱纹，眼睛里也没有笑意，也就是“皮笑肉不笑”的状态。

二、观察肢体微动作

说话时单肩耸动，或者肢体某一部分抖动，这是说谎者不自信的表现，以抖动来掩饰心虚。不断地摩挲自己的手或者身体的某一部位，是说谎者自我安慰的表现。说话时摸鼻子代表想掩饰某些内容。谈到某人或某事时，攥拳或者身体某一部位紧绷，表示厌恶此人或者知道事情真相。双手抱胸，表示防御；向后退一步，表示抵抗，代表此时对方的话不可信。手放在眉骨附近，表示内心羞愧。

三、聆听回答时的语言

对方描述得过于流畅时极有可能是谎言，因为回忆是成片段的。如果对方对你的质问表示不屑，通常你的怀疑是真的；情绪不激动却气喘吁吁说明隐瞒了事实。描述一连串发生的事情时，说谎者是按时间顺序进行的，能否流利准确地进行倒叙，是判断对方是否说谎的标志。对提问内容生硬重复是典型的撒谎，因为撒谎者需要对重复提问的内容，留出思考的时间来编造答案。一直自言自语、越说越多，是因为说谎者觉得你沉默是还在怀疑他。

四、观察身体生理机能信号

身体的倾斜方向和脚尖方向冲着出口，这是说谎的表现，说谎者潜意识里有要逃跑的倾向。触摸说谎者的手，手一般都变得冰凉。因为害怕时生理的本能反应就是逃跑，血液会汇聚到腿部，为逃跑做好准备，所以手会变得很凉。出汗也是说谎的一个机体信号，内心的恐惧和不安会使得说谎者身体发虚，经常会大汗淋漓。

在实际生活中，只有彻底读懂了微动作和微表情的奥秘，才能通过这些非语言行为提供的线索，在别人开口之前就窥探他内心的真实想法，在别人撒谎的时候看穿他的谎言，在别人未曾察觉的时候掌握他的心理，让谎言在真相面前无所遁形。

从兴趣爱好看志向

每个人都有兴趣爱好，这些兴趣爱好不同于在工作和学习中由于一些特定的目的而固化的行为，而是完全发自内心的。兴趣爱好背后隐藏着不为人知的个人心理需求，它不受制于人，可以自由选择，所以更能反映出一个人的性格，进而反映出一个人的志向。

一、看一个人对自己兴趣的喜爱程度

一个人沉迷于自己的兴趣是对现实生活的一种心理逃避，往往是现实生活不如意才躲在兴趣世界中寻求安慰、满足和庇护。

有些人在工作岗位上并无特殊业绩，但在兴趣爱好方面却颇有成就。一旦提到这类人的兴趣爱好，他们便滔滔不绝，但在工作或家庭问题上就缄口不语了。由此可以判断：这类人在工作或家庭问题上未能如愿，为了填补心灵的空虚，便把自己的精力转移到兴趣上。这类人一般胸无大志，事业上难有突破。

仔细观察这类人对自己兴趣的热衷和痴迷程度。如果这类人对自己收集的物品十分珍惜，虽有将其向人展示的欲望，但绝不会借给他人，而且时时觊觎别人的藏品，那么这些人的工作态度就是自我防御型，极端厌恶别人跨越自己的底线，侵犯自己的利益。

二、看兴趣的种类

观察对方的兴趣是大众型、团体型还是个人型。前两种属于情绪稳定型，后者则多为逃避型。

比如钓鱼，有人喜欢独自躲在山中或小溪边，享受安静之乐。这类人由于在工作和家庭中无法享受与人和睦相处的乐趣，便逃入与世隔绝的自我精神世界里，寻求精神上的安定，一旦形成一种个人兴趣，便会产生忧郁的心理倾向。而喜欢和陌生人共享垂钓之乐的人，积极乐观，精神生活稳定，事业和家庭都会得到良好的发展。同样，喜爱运动的人情绪也比较稳定，他们的压力会通过运动来缓解和释放，不会陷于自闭的恶性循环中。

三、看喜欢做的事情

情感细腻的人一般喜欢表演，希望通过虚幻世界满足自己，在表演中尝试不同的角色，体验不同的生活。这类人想象力丰富、情感反应敏锐、心思细腻。他们的缺点是有些不切实际，不喜欢脚踏实地地工作，事业上难以做到勤勤恳恳。

喜欢木制品的人动手能力较强，自尊心非常强，不喜欢依赖别人，有着强烈的自信心，敢于冒险和创新，在事业上会有大的突破和进步。而喜欢手工艺品和刺绣的人，多富有爱心而热情，有强烈的责任感，认真负责，积极乐观，自律能力强，自信心十足。

喜欢搜集钱币的人性格比较保守，不敢冒险，但有很强的责任心，做事善始善终，追求完美，对结果十分重视。

喜欢美食烹饪的人不甘于平庸和寂寞，有创造力和想象力，有很高的目标和理想，并会为此而不断地奋斗。

喜欢下棋或玩纸牌的人的逻辑思维和分析能力很强，对自己的事业能投入更多的精力，成功概率大。

喜欢乐器的人比较感性，敏感度高，能在不经意间捕捉到一些细微的感觉，性格比较脆弱，希望得到别人的关心和爱护。

喜欢阅读和写作的人有很强的创造力和想象力，思考能力强，小心谨慎,对事情有自己独特的见解和想法,能创造性地规划事情。

喜欢旅行的人性格外向、好奇，喜欢富有变化刺激的东西和生活，通常人际关系较好，见多识广，在团队中的地位较高。

四、通过对某类兴趣的喜恶态度来分辨

谈论兴趣爱好的人里不乏一些附庸风雅的人。真喜欢和假喜欢可以通过喜爱程度、熟练程度、肢体动作、表情等细节来观察、分辨。假如对方对特定的兴趣表现反常或异常，表明对方曾在这方面受过打击或创伤。对某种兴趣的排斥反应，不单纯是兴趣本身的原因，也可能是其背后隐藏着曾经的生活体验或感情。所以，在交往中还要注意适度的揣摩和把握。

聊宠物试探性格

现在很多人都喜欢饲养宠物，宠物能给我们的生活带来欢乐，是我们的好朋友。不过，每只宠物都有自己独特的魅力和迥异的性格，而一个人会选择什么样的宠物能从侧面反映出他的性格。所以，仔细观察对方身边的宠物，或许可以为我们开展良好的人际交往提供一定的帮助。

狗是人类最喜爱的宠物之一，它们温和、善良、忠诚，经常被视为家庭中的一分子。通过观察一个人对于不同犬种的选择，我们能了解到他的哪些性情呢?

一、狮子狗

这种狗娇小可爱，圆滚滚的，养这类犬的人喜欢把狗打扮得十分可爱，如为狗梳理身上的毛，穿可爱的小狗毛衣等。而养这类犬的人也同样喜欢打扮自己，如涂口红、戴美瞳、烫头发。

二、苏格兰牧羊犬

这种狗体形大，性情温顺，毛比较长，聪明体贴，在主人遇到危险时会为主人而战斗。养这类犬的人性格大多温顺平和，生性乐观，但当他必须保护自己和家人的时候会变得很强大。

三、长耳犬

这种狗有着银色的长毛、短短的腿和长长的下垂的耳朵，眼睛大而水汪汪的，眼神非常无辜，有点哀怨，但实际上它充满活力、十分顽皮。养这类犬的人大多看起来比较沮丧和阴郁，但实际上是温暖亲切并富有幽默感的。

四、德国牧羊犬

这种狗品种优良，它可以为主人带来自信。如果所养的牧羊犬块头很大，那么其主人的身材可能有些矮小；如果所养的牧羊犬体形娇小，那么其主人的身材可能非常高大。狗的体形从侧面反映出养这类犬的人希望拥有的身材。

五、圣伯纳犬

这种狗是在瑞士的阿尔卑斯山上救人用的搜救犬。喜欢这种狗的人大多是无私、有自我牺牲和奉献精神的人。

六、斗牛犬

这种狗短毛、方脸、体形健硕，品种优良，性情有点固执。养这类犬的人也往往有点固执，虽然不一定是个大人物，但很有威严和杀伤力。

七、杂种犬

这类狗血统不正，非常普通。养这类犬的人一般也很普通，认为自己是一个普通人，知足常乐，满足于现状。

八、流浪狗

愿意把流浪狗带回家收养的人一般善良、有同情心，愿意接纳可怜的小动物。这样的人生性随和，难以拒绝他人的要求。

从签名看处世态度

我们常说字如其人，观其字就能识其人。一个人的字体是长时间练成的，有一定的稳定性。而人的一生中写得最多的莫过于自己的名字，名字在合同、银行对账单、签到、审批等现实场景中应用极为广泛。有些人的签名讲究书法美感，有书法功底，大方易识；有些人的签名规规矩矩，正式规范；有些人的签名富有个性、龙飞凤舞；有些人的签名颇有趣味性，如设计成动物、植物、山水等图案。无论是哪一种签名，都能帮助我们探究他人的内心世界。

签名比较端正的人一般忠诚可靠，有较强的责任心，值得结交；签名时喜欢打圈的人有些自我，凡事以自己为中心，做事果断，但交际能力较差，不容易被人信任；签名时字体朝上呈尖角的人，虚荣心重，好高骛远，比较情绪化，不切实际；喜欢把名字打横，成水波形或蛇形的人多工于心计，狡猾阴险；签名时字呈方形的人稳重诚实，交际能力强；签名向右斜，但其他字习惯向左斜的人一般具有高超的社交经验和能力，他会把握时机，让自己成为交际场合的焦点，而签名向左斜，其他字向右斜的人则叛逆心较强。

习惯把名字最后一笔当作底线的人十分自信，坚韧不拔，不屈不挠，真诚可靠。签名时习惯画波浪线的人则比较圆滑和世故。签名时字小而紧凑的人是一个精打细算的人，比较固执。

字体呈不断下降趋势的人一般缺少信心和耐力，遇事逃避责任。字体呈上升趋势的人自信心强，凡事会进行周密的计划再行动。签名花哨的人缺乏信心，用浮华来掩饰内心的不安。

签名时的字体比一般字体大的人有自我膨胀的倾向，表现欲望强烈。签名时的字体比一般字体小的人有自卑感，经常妄自菲薄。

签名后习惯画句号或破折号的人处世小心谨慎，生性多疑，做事喜欢循规蹈矩。签名潦草、无法辨认的人善于变化，喜怒无常。习惯图案式签名的人为人处世沉着稳重，充满自信，有礼有节，意志力强，有自己独特的观点和创造力。

透过头发看性格

头发是人们最注重装饰的部位，可以说，头发是人的第二张脸。我们通过人的脸可以读到很多有用的信息，头发虽然没有面部表情那么直观，但是也能反映出一个人的性格特征和个人魅力。

一、头发与性格的关系

头发粗直、硬度高的人一般比较豪爽，不拘小节，对朋友热心肠，做事光明磊落，不耍小聪明。头发浓密黝黑的人做事有条理，懂得扬长避短，聪明睿智，有理想有抱负。头发纤细的人大多喜欢把事情计划得非常仔细。头发自来卷的人一般个性很强，喜欢表现自己，常常会给他人带来意想不到的惊喜。

二、发型也能反映一个人的性格

头发总是梳理得整齐光亮的人，很注重个人形象，有点虚荣，比较挑剔，有完美主义倾向。头发自然随意、未经打理的人，大多是工作狂，希望通过自己的努力获得认可。喜欢留短发的人干练直爽，有些小骄傲，满足于自己的现状，以自我为中心。喜欢时尚发型的人赶时髦，喜欢被夸奖和赞美。

三、从头发长短来判断个人魅力

头发齐肩或更短一些的人大多较感性，可能会因过度自信而自负，不能接受别人的批评。头发过肩不及腰的人大多聪明，但与人交往羞怯被动。长发及腰的人偏抑郁型，但是温柔，人缘好。

透过色彩看内心

每个人通常都有自己偏爱的颜色，或是一种，或是几种。几乎所有的色彩都有其蕴含的深意，色彩被视为生活中一项强大的情感因素。一个人喜欢的色彩能折射出他的内心。所以，想要了解一个人，我们可以透过他钟情的颜色来加以分析。在人际交往中，人们最直观的印象便是一个人穿衣打扮所运用的色彩，通过分析对方偏爱的颜色可以判断其内心的真实性格。

白色

白色是一个干净的、返璞归真的颜色，象征朴素与神圣，充满着不确定的想象，有未来、有希望，因为只有白色可以添加其他色彩而不显混乱。在生活中，不难发现喜爱穿着白色衣服的人大多思想单纯，内心纯洁，喜爱幻想，向往一切美好的事物，他们在人群中引人注目，但这类人凡事泾渭分明，不易相处。

红色

红色代表阳刚、刺激、危险，以及性欲和激情。喜爱穿着红色服饰的人大多感情丰富，热情奔放，好奇心强，精力旺盛，喜欢展现自我，对生活充满激情，富有行动力，但容易冲动。

黑色

在西方的典故中，黑色代表邪恶、黑暗、死亡及恐惧。但在古埃及，黑色代表肥沃的土地，寓意着生命、成长和幸福。黑色在非洲其他地区则代表希望和光明。喜爱穿黑色服饰的人大多性格压抑、消极，但也流露出典雅与威仪，他们不纠结于善恶和对错，只相信自己的感觉和判断，不喜张扬，比较固执。

绿色

绿色代表希望、和谐，也代表了环保与健康。喜欢穿着绿色衣裳的人多半高雅脱俗、彬彬有礼、温柔多情、善解人意，他们追求自由自在的生活，大多性格开朗、积极乐观。

黄色

黄色既是财富的颜色，也是秋收的颜色，象征了收获和快乐，同时也是嫉妒、欺骗、背叛和懦弱的象征。喜爱穿黄色服饰的人善恶分明，专一执着，情感浓烈，善于隐藏真实情绪，他们喜欢不受拘束的生活，凡事要求尽善尽美，脾气倔强。

蓝色

在古代，蓝色代表空灵和虚幻。在现代，蓝色象征着权威和低沉，也存在暧昧和神秘的一面，代表着空想、悲伤和忧郁。喜爱蓝色的人多为注重外表的谦谦君子，他们能很好地控制情绪，不轻易表现自己的欲望，他们冷静、思维敏捷。

橙色

橙色不像红色那么热情炽烈，然而若在红色中过多地加入橙色，偏橙色的红色却不再那么危险。橙色温暖并带有一点轻浮和嬉笑的意味，橙色也象征着没有侵略性。喜爱橙色的人一般人缘比较好，善于掌控人际关系。

紫色

古时紫色的染料不仅制作困难而且昂贵，因此紫色成了统治阶级和权贵的象征，代表权力、地位和勇气。喜欢紫色的人气质俱佳，大多情感丰富，眼神深邃，不怒自威，有深沉的情感，自信、清高。

粉红色

粉红色是梦幻、可爱的颜色，带有幻想的意味。喜欢粉红色的人大多性情优雅，讲究礼节，在交际场合能很好地掌握尺度，并且对仪容仪表非常注重，时刻散发着魅力，他们希望自己可以呈现给他人年轻、有朝气的感觉。但这类人却有强烈逃避现实的倾向，不擅长吐露心事。

当然，色彩都有多面性，恰如人性格中的多面性一样。色彩虽然能够折射一个人的内心，但并不完全准确。想要真正了解一个人，那就多花点时间与他相处吧。

心理测试：你经常得罪人吗

谁都不愿意得罪人，每个人都希望自己拥有良好而稳定的社交圈子，但在自己的社交圈子中，你或许不是最受欢迎的人，或许他人觉得你太以自我为中心，或许他人觉得你不是一个好相处的人，或许有很多人在你背后悄悄地说你的坏话。那么，你是否会在无意之间得罪了别人而浑然不觉呢？快来测试一下吧。

别人给你介绍一个新朋友，初次见面时，你猜他会____？

A．向你走过来，但跟你疏远和冷漠

B．主动靠近你，勾肩搭背，称兄道弟

C．不停地讲话，是一个自来熟

D．不停地盘问你

选择A

你是一个性格内敛，但对他人的期待极强的人。你很想与陌生人建立起良好的接触点。不过，你比较自恋，总认为主动去找他人搭讪会被对方看轻，希望他人主动来向你打招呼。你会不自觉地把自己的期待强加在别人身上。你的主观预期很容易得罪别人，也容易因此树敌。

选择 B

你是一个自我保护心理较强的人，但对自己的应对能力没信心，对别人的信心也不足，因此你总是会不自觉地想和陌生人保持距离，下意识地拒绝别人。尤其是不熟悉的人侵入你的私人领域或触碰你的身体，都会使你高度戒备，从而对他产生反感。建议你在人际交往中不要太敏感，也许人家并没有恶意，只是举止比较随意罢了。

选择C

你是一个喜欢主动的人，在人际交往中渴望成为众人的中心。在人际心理学中，如果一个人见面就不停地说话，那么这个人只是把你当作情绪发泄的工具；不然就是想在气势上压过你，让你知道他的厉害。你在气势上不想被他人压过，而且不希望别人不尊重你的发言权，所以你会对这种人很反感，你也容易因此得罪人。

选择 D

你是一个稍微自我封闭并注意保护自己隐私的人，面对调查盘问式的人，你会觉得他想控制你，会产生反感。其实这种人只是想在短时间内深入地了解你，不过如果对方一味询问，而不相应地说出自己的信息，或者不让你反问，则暗示对方是一个很有控制欲的人。当你的背景和资料一一暴露在一个陌生人面前时，你会感到非常不自在，这也暗示你多少有点自卑情绪和倾向，你会很生气，或许你就是这样得罪人的。

第二章

展现魅力，赢得好感

留下完美的第一印象

不论是求职面试，还是和女朋友第一次约会，或出席任何重要的场合，每个人都力图给别人留下深刻的第一印象。那么，第一印象具体指的是什么呢？

第一印象指的是第一次见面中最初几秒观察对方所得的印象，心理学的专业术语称为“初次效果”。而在人际交往中的第一印象包括：初次见面时的印象，以及你接下来不经意间做了什么、说了什么等一些后续的行为。心理学家认为第一印象主要是性别、年龄、体态、姿势、谈吐、衣着、面部表情等外部特征的总和，这些外部特征在一定程度上反映出这个人的内在素养和其他特征。美国俄亥俄大学的研究人员发现，糟糕的第一印象难以扭转。第一次见面给人留下的坏印象是很难纠正的，因为很多人不会给你修正错误的机会，而第一印象又往往会在对方脑海中留下很深的烙印，在这种情况下交往，当然难以建立持久的信赖关系。如果你在第一次交往中给别人留下好的印象，别人就会乐于跟你进行第二次接触。既然第一印象如此重要，那么怎样才能给对方留下完美的第一印象呢？

一、得体的形象

日本早稻田大学东清和教授曾说过，用来形容对某人印象的基本词语有五六十个。而形容第一印象的词语只有五六个，因为第一印象只能用极表面的词语来形容，如令人讨厌、有智慧、漂亮、温柔、有干劲儿等。想赢得好的第一印象并不困难，只要稍加努力就能提升个人的整体形象。衣着打扮是最为直观的第一印象，穿着得体能为自己加分不少。想要使自己在他人眼中的第一印象更加完美，就要服饰得体、仪容整洁、身姿挺拔、妆容得当。

二、善用微笑

微笑是最好的名片，微笑是世界的通用语言。微笑能增加一个人的亲和力与感染力，还能增进彼此间的友谊与信任。一个善意的微笑，可化干戈为玉帛；一个真诚的微笑，让人如沐春风；一个默契的微笑，会瞬间拉近彼此的距离。多一份微笑，就多一份对别人的尊重；多一份微笑，就使别人多一份安心。发自内心的微笑会让对方心情舒畅，增加自身魅力的同时还能给对方留下好印象，因为爱笑的人都积极乐观，开朗活泼。

三、要恰当地称呼对方

一般情况下，不论即将要见什么人，在见面前都一定要准备好对方的资料。如果你在见对方的第一面时，就能准确地叫出对方的名字或者代表职位的称呼，对方一定会觉得你很懂礼貌，无形中加深了对你的印象，至少也会觉得你是做了功课的，不会过目即忘。

四、善于运用眼神

在第一次见面时，双方都会互相打量对方，此时需注意眼神的运用。眼神平视对方是不卑不亢的表现，会给对方留下十分自信的印象。目光切勿咄咄逼人，这样的目光侵略性太强，会让人不由自主地防备，很容易让对方产生误解或反感。初次见面时目光应自然、柔和、亲切。比如，当你进入坐满人的房间时，应自然地举目四顾，微笑着用目光照顾到所有的人，不要刻意地回避他人的目光，如此一来他人对你的印象就是轻松自若。

五、根据不同的场合，采取不同的交际方式

善于交际的人会依据场合来表现自己。要因地制宜，根据场合，在保持自己个性的同时有所变化，交谈时表现得轻松自如，才能使对方感到轻松自在。学会幽默，幽默风趣的人总能给他人留下深刻的印象。比如，参加学术讨论时，要言简意赅；参加聚会时，要尽量赞美他人；参加集体活动时，言辞中应表现出与有荣焉之感等。

六、避免小动作

与对方交谈或见面时精力要集中，不要有小动作。设想一下，别人在和你说话时，小动作不断，搔首弄姿、整理衣服，那你会不会觉得对方没有专心听你讲话，对你缺少最起码的尊重，是个没有礼貌的人呢？以此类推，当这种情况出现在自己身上时，同样也会给他人留下不好的印象。如果有特殊情况，如感冒或鼻子过敏等，应先致歉后讲明，避免对方产生误会。

服饰颜色透露的信息

服饰颜色是一种抽象的语言，它可以在你未开口前就传递一些特殊的信号给对方，使对方产生一定的联想，甚至是共鸣或某些回忆，对你的第一印象也因你的服饰颜色而贴上先入为主的标签。

穿什么颜色的服饰也可以体现一个人的性格和眼光。性格内向的人多喜欢穿颜色素雅的衣服，性格外向的人多喜欢穿颜色鲜艳的衣服。而一个人对服饰颜色的选择在一定程度上反映了此时他希望处于的社会定位。比如，参加面试时，一般选择黑色或深蓝色的职业装，给人一种沉稳端庄的感觉；与朋友外出游玩时，一般选择浅色的衣服，给人放松温暖的感觉；参加重要的聚会和宴会时，一般选择颜色鲜艳的衣服，以吸引他人的关注。

一般来说，深色的服饰给人以威严和成熟感，会给人以“强者”和专业的感觉，多是领导偏爱的服饰颜色。这类颜色的服饰给人以神秘、高贵以及专业的印象，还象征韧性和毅力。而浅色系中又以白色为代表，白色是一个纯净、没有任何杂质的颜色，白色服饰给人以追求完美、办事严谨、有条不紊的感觉，无形中向别人透露出这是一个文雅、干净、有品质的人。

鲜亮的颜色代表激情、张扬、明媚，穿着这类服饰则能迅速吸引人们的注意力，传递给他人的信息是你高调张扬，热情开朗，你是一个有企图、精力旺盛的人，并且行动有力、果敢；另外，还传达出有说服力和不容他人置疑的意思。在工作、开会场合穿着亮色系服饰能增强发言的说服力。但过度鲜艳的颜色易使他人精神紧张、肾上腺素分泌加快、心跳加速，在约会时穿这类颜色的服饰当然是没有问题的，但是在其他场合或许会给他人压迫感。

如何在不同的场合，快速地拉近与他人的距离，赢得他人的好感呢？首先，需要释放一个亲切温和的信号，如同徐徐的清风，温暖的春日，是和煦的，不急不躁的，而服饰是最迅速的一个外在信号，如同在招手说："来和我聊一聊吧。"浅亮色没有鲜亮色那样显眼，却显得温和低调，是释放友好信号的最佳选择。

橙色是一种活泼、爽朗的颜色，给人一种温暖的感觉，让人想亲近。亮橙色衣服给人以特别柔和之感，在大型聚会或交流会上，穿着亮橙色服饰的人，如果再配上开朗的笑容，会成为人群中的焦点而人缘极佳，能吸引更多人与之交谈、向此人靠拢。同时，亮橙色服饰给人以充满活力的感觉。

亮粉红色多为年轻女性所偏爱。穿此颜色服饰的女性多温柔、优雅，会释放甜美可人的信号，给人以纯真善良之感。建议女性朋友相亲或约会时穿着粉色系的服装，这样会使自己看起来更醒目，闪闪发光，更容易赢得异性的青睐。

黄色是一个象征正能量的颜色。亮黄色的衣服会使人看起来更具有活力。穿亮黄色衣服，给人一种表达能力很强、有自己独特见解和想法的感觉，使他人觉得你是一个知性、幽默的人，并感觉与你交谈是轻松、无压力、积极向上的。

浅蓝色给人凉爽、宁静的感觉。经研究发现，蓝色是好感度最高的颜色之一。穿着浅蓝色服饰的人显得爽快和诚实、文静、端庄。

太鲜艳的颜色有些冒险刺激，太素净的颜色又显得寡淡无味。而浅亮色正好是处于中间的颜色，既给原色注入了活力，又增添了原色不具备的魅力，穿着这类颜色的服饰，往往能增加自身亲和力，给人以亲切之感，为人际交往打开便利之门。

展现迷人笑脸

如果说眼睛是心灵之窗，那么面部表情就是心灵的镜子，不管你的情绪是低落还是兴奋，都是由面部表情传达的。在众多面部表情中，笑容无疑是最受欢迎的表情，能传递友善、愉悦、亲切等友好的意思。在人际交往中，对他人展露笑容不仅会令他人愉悦，更会使自己心胸开阔。笑容也可以迅速缩短人与人之间的心理距离，打破交往中的心理壁垒，它的温暖足以消融内心的寒冰，它的明媚足以使你魅力大增。俗话说“笑一笑，十年少”，爱笑不仅使人心情愉悦，心态年轻，也会给爱笑的人带来好人缘、好运气。

笑容是可以伪装的，但真正发自内心的笑容却是无法伪装的，只有渗透着情感的笑容才有感染力。心境良好时笑容才平和欢愉，拥有这样笑容的人，生活中必定积极乐观、善待他人。爱笑的人充满自信，在交往中不卑不亢，容易使人产生信任感；爱笑的人心底坦荡、待人真心实意，能吸引他人，使他人愿意与之交往。

其中，微笑是最自然大方、最真诚友善的。励志成功大师拿破仑·希尔曾这样总结微笑的力量："真诚的微笑，其效用如同神奇的按钮，能立即接通他人友善的感情，因为它在告诉对方：我喜欢你，我愿意做你的朋友。同时也在说：我认为你也会喜欢我的。"在职场中，微笑是一种极具感染力的外交语言；在生活中，一个灿烂的微笑能提升个人魅力，触动人心。微笑不仅表达出你对别人的善意和信任，它还向别人做出了一个心理学的暗示——"你值得我对你微笑"，在众人中选中了对方，肯定了对方，并给予对方特殊的地位和价值，对方会在这种暗示中接受赏识和赞美他的你，迅速建立友好的连接。

心理学家曾做过一个有趣的实验。几组试验者在公共电话亭多次打电话，然后假装不经意间把钱包遗落在显眼的位置。出电话亭时第一组试验者面无表情地离开；第二组试验者离开时和下一位进入者有短暂的目光对接；第三组试验者与下一位进入者有短暂的目光对接，且向对方微笑示意；第四组试验者对下一位进入者微笑示意，并有一个帮忙拉门礼让的动作；第五组试验者对下一位进入者微笑示意，边帮忙拉门，边和对方进行了短暂的沟通。结果呢？下一位进入者提醒试验者钱包忘记拿了的比率依次为10%、20%、80%、

90%、93%。这说明有过短暂目光对视，并微笑示意的三组收获的友好回报远高于前两组。不过微笑看似简单，也需要讲究一定的技巧，才能感染他人。

一、要笑得自然

发自内心的微笑才最自然，微笑是美好心灵的外观，可以使你变得明艳动人，但需要笑得亲切，笑得美好、得体，不可咧嘴大笑，也不可抿嘴而笑。

二、要笑得真诚

笑容是否真诚，他人很容易判断出来。所以微笑一定要真诚，真诚的微笑能让对方内心产生温暖、共鸣和感动。最简单的方法就是微笑时凝视对方的眼睛，千言万语尽在微笑中。

三、微笑要分清场合和对象

微笑也要看场合。如果出席一个庄严的会议，或是参加一个追悼会，或是讨论重大的政治问题时，不合时宜的微笑会招人厌恶。对不同的微笑对象应使用不同含义的微笑，传达不同的感情。尊重真诚的微笑是给长者的，关心爱护的微笑是给孩子的，暧昧甜蜜的微笑是给爱人的。切忌不分对象胡乱微笑。

四、把握微笑的程度

微笑要恰到好处，看准时机。比如，当对方看向你时，可以点头示意微笑，对方目光不在你身上的时候就不必保持微笑了。对方发表意见时，可以一边认真倾听一边微笑，但对方提出严肃的讨论问题和质疑时就不要微笑了。

总之，如果你善于运用微笑，那么将会有意想不到的效果。“旅店帝王”希尔顿正是靠他的座右铭“今天你微笑了吗”，才使他成为世界上最富有的人之一。请对你见到的所有人微笑，你很快就会发现，每一个人也对你报以微笑。这如同站在舞台上，你的微笑不仅给对方留下美好难忘的印象，也使你收获了他人的善意，所以请不要吝啬你的笑容，尽情微笑吧。

贴上热情的标签

热情可以拉近双方的距离，让人感到温暖舒心。热情待客，会让客人有宾至如归的感觉；热情相处，会让对方感到真诚愉悦。但如果热情不分场合，不顾分寸，反而会适得其反，招人厌恶。比如，初与人相识，人们总会在信任和防备间犹豫不决，面对无故热情，会感到诧异，还会考虑是拒绝还是接受。那么，待人接物是热情重要，还是优先考虑礼貌呢？应该如何展现自己的热情，才能得体而不失亲切呢？

一、有礼热情

热情也要讲究礼节，不同场合有不同的礼节。比如，人们在招待客人吃饭时往往会出现这样尴尬的一幕：主人不停地给客人夹菜，尤其在客人已经吃饱或者根本不喜欢这道菜的时候，给客人夹菜就是不合时宜的。这虽然表达了自己的热情，但却会让客人感到不舒服。那要如何扭转这种困局呢？应该做到热情而不失礼数。礼节、礼貌可以体现一个人的风度和修养，讲礼貌、懂礼仪的人会给人可信任的感觉。尤其是面对初次见面的对象，需大致了解对方的习惯、爱好、风俗、礼仪、饮食习惯等，这样在相处过程中才能跟着对方的礼节尺度走，不要盲目地自以为是，不然非但表达不了热情，还会给对方留下无礼的印象。

二、保持适度的距离感和空间

热情有度是一门不小的学问，过于守礼的东道主，虽然他的一举一动都彬彬有礼，但会显得冷冰冰，让人不自在；特别热情的东道主，虽然展现出真诚，但有时会因为过于热情而让场面尴尬。其实，不需要把你的热情全部表现出来或者大声地说出来。比如，在餐桌上可以把客人余光扫到的菜不动声色地转到他的面前，或在他需要独处的时候给对方保留适度的空间。根据亲密程度，保持与对方的肢体距离和礼貌距离，给对方保留足够的自我空间。以不影响、妨碍对方，不给对方增添麻烦，不令对方感到不快，不干涉对方私生活等为限，做到关心有度、距离有度、举止有度，如此才是热情有礼的体现。

三、学会表露和隐藏自己的情绪

在人际交往中，情绪是随时波动变化着的。当你有负面情绪时，不要急着发泄，也不要过度压抑自己的情绪。在与人交往中，要掌握情绪表达的平衡，根据场合，适度地宣泄自己的一些情绪，这是向对方传达“我相信你，我亲近你，我愿意将我的情绪表达给你看”

这样一个热情的信号，而且学会合理地管理自己的情绪，会使自己在人际交往中收放自如，应对得体。

巧妙地选择话题

聊天看似很简单，在人际交往中却是一把钥匙，用得好可以迅速地打开对方的心门，用得不好就会把对方的心门锁死。那么，你会聊天吗？你会和对方聊得开心、聊得尽兴吗？人们在彼此不熟悉的时候应该聊些什么呢？在公共场合，又该聊些什么呢？聊天时通常是由一方开启一个话题，双方围绕这一话题接续交谈，然后转向另一个话题，因此，选择合适的话题十分重要。如果选择的话题被对方接受，谈话便会顺畅地进行下去。如果选择了不适宜的话题，交谈便会终止。那么，聊天时应该选什么样的话题呢？

一、话题要投其所好

每个人都有不同的交际圈和朋友圈，每个人在自己特定的圈子里所处的位置、扮演的角色都不相同，人际交往的内容各不相同，喜欢交流的内容也不同，这就是人际交往中的亲疏远近现象，谈话者会根据亲近关系来判断是否要回应以及如何回应。

小莉有个要好的大学同学小 A，平时关系很不错。小莉每天看着小 A 在微信朋友圈中晒各种信息，如昨天发 3 万元奖金啦，今天买了一个香奈儿的包包啦，明天要和男朋友去马尔代夫旅游啦，还有各种吃喝玩乐的活动照片，引得小莉各种羡慕嫉妒，只感叹小A的好运、自己的平庸。

某一日的同学聚会上，大家无意中谈及小A，然后发现大家微信朋友圈中收到的小A的消息各不相同，一位资深微信达人揭秘说，小A在微信中划分了不同的朋友圈，在同事圈中，她发的都是和同事友好相处、努力工作的内容；另一个朋友圈中都是在吃喝玩乐、奢靡享乐的内容；还有一个朋友圈中都是各种牢骚、宣泄不满的内容。

小A的做法无可厚非，她根据自己和对方不同的亲疏远近关系划分了不同的朋友圈，选择了不同的话题，这是一个聪明的选择，她根据不同的人的关注点选择了不同的话题，成功地吸引了朋友的关注，这样的方法同样适用于面对面的交流中。

二、学会闲聊，话题要轻松愉悦

交谈中的闲聊必不可少，这是增进友情的重要途径，所以应学会闲聊。但大多数人在处理完正事或公务后，不知道怎样和对方交流。闲聊应选择什么样的话题呢？心理学家詹姆士说过："与人交谈时，如果做到思想放松、无所顾虑、想到什么就说什么，那么谈话就能进行得相当热烈，气氛就会显得相当活跃。"但一定要选择有趣、机智的话题，可以由自己的趣事或者听过的笑话开始，所以闲聊并不需要智慧，只要聊得愉快就行了。

三、避开话题禁忌和雷区

不论是正式交流还是闲聊，都一定要避开一些话题。第一，不要选择关于自身的话题，如果谈话内容一直围绕着自己的生活转，很难引起他人的兴趣。第二，要学会察言观色，避开对方的禁忌话题，如家庭矛盾、经济状况和对方不愿谈及的疾病等。第三，不要谈论类似“今天天气很好”这些无法继续下去的话题。

四、注意话题的双向性

与别人谈话时，必须始终意识到双方都是说话者和听话者的双重角色，意识到言语交往的双向性。在交流中不仅要把自己的思想表达清楚，还应考虑怎样谈才能使对方产生兴趣，同时根据对方的反馈信息来调整自己的话题，这样互动才能持续下去。

五、选择赞美的话题

大文豪列夫·托尔斯泰曾说：“就是在最好的、最友善的、最单纯的人际关系中，称赞和赞许也是必要的，正如润滑油对轮子是必要的，可以使轮子转得快。”赞美能使人愉悦，要想获得良好的人际关系，就要学会不失时机地赞美别人。在交谈中选择赞美对方的话题时，需注意赞美对方的具体细节，而不是笼统地夸这个人好；要注意赞美必须真诚、发自内心，这样交谈才会其乐融融地进行下去。

六、抛砖引玉，投石问路

面对不同的场合和对象，话题选择的技巧是不一样的。面对众多的陌生人，应以众人关心的事件为话题，围绕人们的注意中心，抛砖引玉。与陌生人初次交谈，先提一些“投石”式的安全话题，在略微了解对方的兴趣后，再有目的地选择对方熟悉或感兴趣的话题进行交谈，如此便能交谈得较为顺畅。

引起对方的共鸣

千金易求，知己难寻。有些人一见如故，相见恨晚；有些人相处了一辈子，友情也只是浅尝辄止。在你的朋友圈、工作圈、生活圈中有知己吗？如何快速地打开别人的心门，交到真心相对甚至引为知己的朋友呢？最有效的方法就是在沟通和交流中引发双方的共鸣。

一、寻找感情共鸣的触发点

心理学家认为，情绪和情感是人对客观事物是否满足自己的需要而产生的态度体验，即情绪和情感是人们对客观事物所持的态度。人们都在试图寻找满足自己情感需要的人、事、物，甚至是回忆。每个时代都有带着时代烙印的东西，它或许是一首熟悉的歌曲，或者是一件流行于大街小巷的服饰，抑或一位家喻户晓的明星。同龄人好相处的原因在于双方拥有相似的回忆或者经历，所以，在寻找共鸣触发点时，可以从对方的年龄迅速切入，即便是初次见面的朋友，也可以从他的年龄来大致推测属于他那个时代的共鸣点。随后，在接下来的相处中，要留意对方的兴趣爱好等，始终与对方保持情感共鸣。

二、设身处地，换位思考

西方有句谚语：当你穿着别人的鞋子走了一英里，才能够真正了解这个人。这句话说明只有设身处地，才能理解他人的境遇，在交流中才能引起共鸣。当一个人受到不公平的对待，内心很苦闷，向你倾诉，你不但没有站在他的立场替他说话，还去纠正他，这会让他更难受。即使他现在说的是错误的，但现在他只想要一个情绪宣泄的出口，你却想改变他的观点，你们的友情很可能会因此受到冲击。

当你的朋友向你倾诉他的烦恼，说他的老板对他如何不公正……你该怎么办？如果你一直和他讲道理，回应他“你的老板说你，你肯定有需要努力的地方……”这样一番自以为帮她的道理，却难免引起对方心理上的不适。这时候你需要做的就是和他一起骂他的老板，然后聊一聊自己也曾经受到过类似不公正的待遇。相似的经历会使双方在交流中产生情感共鸣。在交流中，多站在对方的角度和立场上为对方考虑，这是引发情感共鸣的关键一点。

三、将心比心，真诚相处

交往中要尊重对方、以诚相待、平等相处。这样的交往才能产生亲切感、归属感、留恋感，引发双方情感上的共鸣。交流时应注意说话的语气和语言表达的方式方法。当观点不同时，不要自以为是、心浮气躁，多替对方考虑，多听对方的想法。

古老的城门上挂着一把沉重的巨锁，铁棒和钢锯都想打开这把锁，以显示自己的实力。铁棒开始对巨锁发起猛烈的攻击，它一会儿砸，一会儿敲，但还是无法打开巨锁。钢锯不屑一顾地说：“看我的！”它铆足劲儿锯锁，但还是无法撼动巨锁分毫。在它们俩十分沮丧的时候，一把小钥匙出现了，它想试一试。在铁棒和钢锯的嘲讽中，小钥匙小巧地钻进巨锁，“吧嗒”一声打开了巨锁。铁棒和钢锯诧异地问小钥匙：“你是怎么做到的？”小钥匙回答说：“因为我走进了它的心里。”“交心”的交往才能产生情感共鸣，“交心”意味着尊重和理解对方的真实情感，可以给予对方需要的慰藉和关怀，可以开诚布公地畅所欲言。

学会巧妙自嘲

鲁迅在诗作《自嘲》中留下了一句千古传颂的诗句：“横眉冷对千夫指，俯首甘为孺子牛”，这自嘲仍不失其一身傲骨。文人勇于自嘲，且善于自嘲，不是贬低轻贱自己，而是一种大智若愚的智慧，是内心充满自信的表现。自嘲是一种重要的交际方法，巧妙的自嘲能制造和谐的氛围，使双方都轻松洒脱，更可化解尴尬，能使人感受到你的善意，能迅速拉近人与人的距离。通过自嘲可以展现自己的品格、骨气和人格魅力，从而赢得他人的尊重和好感。自嘲适用于什么时机呢？

一、盛情难却时

生活中由于种种原因，在亲戚、朋友和同事有事相求时，你可能无法提供帮助。如何拒绝才能不伤感情？这是个伤脑筋的问题，这时候你需要通过巧妙的自嘲来化解尴尬的局面。

有一次，林肯的一位报界友人邀请他去编辑大会致词，但林肯对编辑工作一无所知，觉得出席编辑大会不合适，但又无法直接拒绝好友，便给他的朋友讲了一个小故事：“有一次，我在森林里礼让了一位骑马的夫人，可是她却停下来目不转睛地看着我。她对我说：‘我觉得你是我见过的最丑的人。’我说：‘您或许讲得对，可是我又有什么办法呢？’她回答说：‘你的长相是无法改变的，但你可以待在家里不出来啊！’”好友不禁为林肯幽默的自嘲而哑然失笑，也明白了林肯的意思，不再强人所难。

二、陷入僵局、应对突发事件时

当双方难以达成一致意见而陷入僵局时，用以退为进的方式自嘲会收到意想不到的效果。当应对一些措手不及的突发事件时，自嘲能巧妙地化解尴尬。

三、回击挑衅时

当面对突如其来的窘境和别人的挑衅时，不要生气动怒，因为这不会让你摆脱窘境，而幽默风趣的自嘲将会化作一件有力的反击利器，既能表明你的立场和态度，还能回击对方，从而体面地从窘境中脱身。自嘲既能化解矛盾、避免冲突升级，又能缓和剑拔弩张的紧张气氛，还可彰显你处世大度，胸怀广阔。

四、初来乍到时

在新的环境中，锋芒毕露会使得你树大招风，如何迅速地融入新环境，获得良好的人际关系呢？可以试着自嘲一下你某种容易引起他人妒忌的能力，便会在无形中化解别人对你的敌对情绪。取笑自己与他人同乐，有利于他人接受你，喜欢你。

既然自嘲有这么多的用途，那如何恰当地化解尴尬、维护尊严并快乐地自嘲呢？

一、自己“胳肢”，自己笑

自我解嘲就是自己把自己“胳肢”几下，自己先笑起来。比如，在处境尴尬时，适当地自嘲能很快找到台阶下，是一种高明的脱身手段。自嘲往往可以使自己的话语变得生动有趣。自嘲时可以拿自己成长过程中的趣事举例，用诙谐幽默的方式介绍自己的性格、脾气、缺点、爱好；也可以说说自己有惊无险的经历、吸取的经验教训。

一个胖子摔倒后，不慌不忙地站起来说：“幸好有这一身肉托着，要不还不把骨头给摔折了？”一句妙语，逗得在场的人哈哈大笑。依此类推，换成瘦子时可以说：“还好我重量轻，要不这一摔就成了肉饼了！”可见，对自己某个缺点猛烈开火自嘲时容易妙趣横生，别人一般会陪着你笑，这样就顺利地化解了尴尬。

二、说自己最安全

当你想说笑话或一则趣谈时，最安全的目标就是自己。如果你笑的是自己，谁会不高兴？如果你取笑的对象是他人，别人可能会介意，不管你出于什么目的，拿别人来开玩笑总是不妥当的，说自己才是不变的金科玉律，至少自己骂自己是最安全的。

三、机智地将话题引向自己

交流中错话说出口之后，自嘲是不可多得的灵丹妙药，通过对自己进行善意的攻击来消除对方的敌意，转移对方的注意力，在不露痕迹的情况下缓和紧张气氛。如此，既照顾了对方的自尊心，又保全了对方的面子。

四、审时度势、适可而止

自嘲要相机而用，它不过是一种辅助的表达手段，不宜到处滥用。如果不分场合时机，随意自嘲，反而会弄巧成拙。自嘲有一定的刺激作用，通常“点到为止”，意会即可，不能喋喋不休。过度的自嘲会给别人留下玩世不恭的印象，可能会导致交际危机。所以，自嘲时要看时机是否恰当。

幽默必不可少

著名剧作家萧伯纳曾高度赞扬幽默的作用：“没有幽默感的语言是公文，没有幽默感的人是尊雕像，没有幽默感的家庭是家旅店，而没有幽默感的社会是无法想象的。”生活中的幽默如同戏剧一样，暗藏着艺术的智慧。许多时候，幽默像是一种减轻失望和悲观的缓冲剂，又像是一种使人关系亲密友善的黏合剂。懂得了如何收集、开发、运用幽默的资源，就知道了如何面对纷繁复杂的人生。

阿 Q 是一个自我幽默和自我安慰的典范，即使身陷囹圄也不悲悲戚戚，这种态度正像网络流行语：“天空飘来五个字‘那都不是事’”。幽默是一种豁达的态度，调侃自己的缺陷和不足，会使缺陷和不足显得微不足道，他人也会乐于接受你。幽默不是滑稽，不是单纯的玩笑，而是一种咀嚼人生后的境界，是一种混合酸甜苦辣咸，集人间百味于一体的机智思维。机智赋予幽默更深厚的内涵，幽默与机智密不可分。幽默让人忍俊不禁，使人轻松舒适，但这笑声中包含着高超的语言技巧和智慧。

幽默还能传达人们的善意。当面对他人的错误控制不住自己的情绪时，粗暴的指责往往令人不欢而散；当双方发生严重的意见分歧时，针锋相对往往会使人两败俱伤。如果一方能以幽默的语言来进行指责或表达观点，对方不仅更容易接受，也会感觉到你的善意。

餐馆里，一位用餐的顾客发现米饭里有沙子，但他没有立刻大声吵闹，而是向服务员招手示意，然后他把米饭里的沙子一粒一粒地拣出来摆在桌上，笑着说道："你们这是卖沙子，还是卖米啊？不过，沙子里还是有一点儿米的。"服务员听了后非常不好意思。故事里，顾客幽默地表达了自己的不满，但又不至于引起对方的反感。这时候的幽默没有锋芒毕露，而是和颜悦色地揭露弊端、批评错误，让人们在笑声中认识到错误，并乐于改正。

幽默易于争取谅解。生活中，人们难免会有欺骗他人的行为，当被发现并受到谴责时，人们又希望得到他人的谅解。心理学的规律是：根据我们对别人的态度和行为，对方往往会以同样的方式回应。当做错事的时候，用幽默营造一种"山重水复疑无路，柳暗花明又一村"的局面，以知错就改的诚恳态度来和对方进行交流，在幽默渲染的氛围下，诚心诚意地道歉和悔悟，更容易得到他人的谅解。

幽默感不是与生俱来的，可以通过后天培养。比如，平时多看些笑话、故事，背些精彩的哲理名言，有空和朋友讲讲，说得多了自然就可以自由发挥、随机应变，只要把握好谈话的技巧就可以创造性地加以运用。使用幽默语言时要注意以下几点。

一、以己度人，用幽默对幽默

当你用幽默的语言调侃他人时，也要接受他人的幽默和调侃。你可以拿别人寻开心，也要允许别人拿你寻开心。幽默要有互动性，才能营造欢乐融洽的气氛。

二、语言和动作并用，相辅相成

幽默不限于语言，有时候动作也能体现出幽默感，还记得喜剧大师卓别林吗？他运用的就是无声的动作幽默。要打破幽默只限于语言的偏见，动作与语言并用，才能把幽默感发挥得淋漓尽致。

三、心存善意，择机而用

幽默也有局限性，不宜到处滥用。很多时候，一句幽默的话语，会在不经意间带来欢乐、化解尴尬的处境，但也会在不经意间为你招致祸端。因此有幽默细胞的前提是有一颗真善美的心，懂得为他人考虑，不会不分场合地落井下石。

满足他人的要求

心理学家马斯洛的“需要层次论”把人定义为“有欲求的动物”，

终其一生一直不停地追求各种目标，依次为生理需要、安全需要、爱和归属的需要、被尊重与自我实现的需要，在解决了衣食温饱的生理需要后，就开始追求高层次的心理满足需要。人际交往是人们在社会场合中满足自己受尊重、被爱、被需要的互动过程。交往中通过相互理解，满足自身和他人的需求，双方都能从彼此的付出中获得认同与支持。人与人交往有这样一个思维模式：我对你印象不错—我有些喜欢你—我想了解你—我了解你—我相信你。这说明人们在交流中最初目的是赢得他人的好感，终极目标是取得对方的信任。当别人相信你时，你的一言一行便能无意识地影响对方，并获得对方的肯定和认同。

要想快速融入新环境，得到他人的认同，以及获得他人的关爱和尊重，付出必不可少，要学会主动满足他人的需求。

一、满足对方情绪要求，进行有效的沟通

通过察言观色，在沟通中照顾对方的情绪需要，这样才能进行有效的沟通。倘若对方正在伤心，你却哈哈大笑，怕是会从此再无往来。应该在对方郁郁寡欢时进行劝慰，充分照顾他人的情绪，才能进行有效的感情交流。简单来说就是“你开心，我陪你开心；你不开心，我陪你伤心”。

二、满足对方的心理需求，快速拉近距离

社交能力是从实践中摸索出来的，在人际交往活动中，以满足对方的心理需求为切入点，会使你事半功倍，能够快速拉近双方的距离，从而取得满意的交际效果。人们都有被肯定和被赞美的需要，发自真心的赞扬能满足对方这方面的心理需求，使对方产生“高山流水遇知音”的交际冲动。

每个人都有自己的特长和骄傲，在与人相处时，最好的办法就是在对方擅长的领域求教于他，让对方充分地展示自己引以为荣的才能，从而满足对方的自炫心理。

人们都希望自己获得令人称道的成功。充分地肯定别人的成就，是满足对方成就心理的最好方式。你的肯定和认同必定会引起对方的感激心理和报答心理，但前提是一定要明确对方的定位和自己的定位。

伊丽莎白女王由于政务繁忙，归家时已晚，到家后她敲门，她的丈夫应声问道：“你是谁？”女王说道：“是我，你的女王陛下！”她的丈夫没有开门，仍然问道：“你是谁？”女王有些生气地说：“开门啊，我是女王伊丽莎白。”她的丈夫依旧没有给她开门，继续问道：“你已经回到家了，请问你到底是谁？”女王最后柔声说道：“是我，你的妻子伊丽莎白。”屋里的丈夫这才微笑地打开门，向她张开了双臂说：“亲爱的，欢迎回家！”

每个人都有自己的爱好，若你对他人喜欢的东西表示欣赏，这也是以一种方式满足了他人的心理需求，你也能得到他人的认可。有对新婚夫妇定做了一套家具。某一天，一位朋友来访，一眼就看到了他们订制的新家具，颇有兴趣地让主人带着他进行参观。参观时，他十分欣赏家具的样式、色泽和布置，一再赞美家具十分漂亮，搭配得非常和谐。主人看到用心准备的东西得到了客人的赞同，心情也格外舒畅。于是，之后的谈话气氛始终其乐融融。

三、满足对方被尊重的需求，主动问候

获得尊重是一个人品行、学识、才华、名誉、地位的外在体现，无论是年长、年轻或是位尊、位卑的人，都期望别人尊重自己。因此，懂得尊重别人的人会快速获得他人的好感。那么，如何表示对一个人的尊重呢？依照中国的传统礼仪，主动问候是最便捷、最简单的表达一个人敬意的交际方式。从亲切的问候切入交流，十有八九会得到相应的回应。

一位八面玲珑的社交高手，必定对他人的情绪变化非常敏感，会适时地满足对方的各种需求，一旦对方的需求被满足了，自然心情愉悦，从而双方可以顺利地进入交往的下一步。赠人玫瑰，手有余香，付出往往比收获更快乐。满足他人需求的同时，你的需求也会以另一渠道得到满足，可谓一举两得。

记住他人的名字

人类是一种群居性生物，生活在复杂的社会关系网中，人与人相处需要交流。然而，有时候你的喋喋不休换来的却是他人的冷眼相对，有时候只是简单的一个问候却温暖了他人的心房。为什么会有如此大的差别呢？这取决于你是否给予了对方尊重。而在人际交往中，记住对方的名字是给予对方最大的尊重。“钢铁大王”安德鲁·卡内基说过：“一个人的姓名是他自己最熟悉、最甜美、最妙不可言的声音，在交际中最明显、最简单、最重要、最能得到好感的方法，就是记住他人的名字。”

名字虽然只是一个代号，但对于每一个人都意义非凡，它像是烙印一样，会伴随一个人终生，是代表一个人独一无二的标记。每个人的名字都已经深深地渗透到这个人的骨子里、情感里，所以名字最能引起一个人的共鸣，它可以引发一个人藏在心底的情绪，它更是与人交往的一把钥匙。对人们而言，名字非常重要，不仅代表了他自己，若有人记住了他的名字，就代表给予了他足够的重视，在茫茫人海中，你若能准确地喊出一个人的名字，这份惊喜远远大于其他，会使他觉得备受尊重。

我们每天会遇见不同的人，初见时互递名片、热情寒暄，亲热得如同挚友，但一转身，再也想不起对方的名字，下次见面时就会无比尴尬。对一个连自己的名字都记不住的人，对方很难愿意与之交往。相反，如果你能把有过一面之缘的人的名字准确地叫出来，于对方而言是惊喜，更是满足，因为这代表着重视和尊敬，对方极易对你产生好感和信任，并乐于与你交往。

泰国东方饭店在业界中独占鳌头，屹立不倒。若论豪华舒适，这样的酒店比比皆是，为何东方饭店会成为业界翘楚？它成功的秘诀在于足够重视客户，永远记得客户的名字，哪怕这位客户一生只去过一次。东方饭店要求每个楼层的工作人员都要熟记入住客人的名字和信息，在为客人提供任何服务时，可以准确地叫出客人的名字，让客人体验到宾至如归的熟悉感和亲切感，从而紧紧抓住客人的心，这样成功的案例在商业界并不是个案。

名字不单是个符号，也是和一个有血有肉的人联系起来的。同样，记住对方的名字并正确地叫出来，无形中给予了对方巧妙而有效的赞美，对方也会觉得他在你心中占有一定的地位并得到了肯定和认同。若是把对方的名字忘掉或叫错了，即使对方表面温和，但心里可能已决定疏远你。

“钢铁大王”安德鲁·卡内基童年时有个趣事。有一次，他抓到一只母兔，这只母兔不久便生了一窝小兔子，十分可爱，但是数量太多，他无法喂养。于是他对附近的孩子们许诺，谁能找来足够多的食物喂养他的小兔子，那小兔子将以谁的名字命名，以作为荣誉纪念，结果孩子们纷纷主动献出食物。这是一个多么巧妙的办法啊！卡内基一直忘不了这件小事，在他之后的从业生涯中，他非常善于利用人们重视自己姓名的心理来进行谈判，也因此而无往不利。

名字对任何人而言都是最好的词汇、最动听的语言，能够说出他人的名字比任何甜言蜜语都重要，用心记住他人的名字将帮助你在人际交往中抢占先机。那么，如何准确记住他人的名字呢？如何将面孔和名字有效地重合呢？

一、集中注意力

心理学家研究表明：记忆力差其实就是注意力不集中所致。如果发现某人面孔很熟悉，却想不起他的名字，那一定是当初并没有用心去记忆，也就是说，当时接触时并没有集中注意力。想要记住别人的名字，就一定要集中注意力，这也有助于克服和陌生人见面时的拘束感。

二、不断地重复

大部分人对刚刚认识的人，基本上都是一转身就忘得干干净净。因此，要记住一个人的名字，最有效的办法就是多次重复记忆。重复是记忆之母，可以利用各种机会在他面前重复，或者在简短的交谈中多次说出他的名字，或者是在其他场合说出他的名字。比如，可以说自己没有听清对方的名字，请对方再重复一次。

三、善于联想

将名字和对方的性格特点、爱好、职业、职位、体貌特征、穿着打扮等联系起来，选择一样令你印象深刻的内容捆绑记忆、联想记忆，这样你会记得更牢。

心理测试：你留给他人什么样的第一印象

每个人都很在意自己留给他人的第一印象。我们都想在陌生人面前表现出最好的自己，但有时候表现出来的往往和真实的自己有些偏差，有时甚至会适得其反，弄巧成拙。那么，你会给别人留下什么样的第一印象呢？赶快测试一下吧！

1. 你面前有一个十分美丽的宝盒，猜猜宝盒里面装的是什么？

A. 闪闪发光的宝石　　B. 很多金币

C. 一把木质梳子　　D. 一本日记

2. 如果把你比作一种动物，你觉得你会是什么？

A. 猫　　B. 狗

C. 兔子　　D. 乌龟

3. 你最不想让人知道的秘密是什么？

A. 最丢脸的事情　　B. 以前暗恋的人

C. 自己的特殊爱好　　D. 自己的身价

4. 你觉得你身上什么部位最有魅力？

A. 声音　　B. 手

C. 眼睛　　D. 脚

5. 别人送了你一束鲜花，你希望它是什么颜色的？

A. 蓝色　　B. 黄色

C. 白色　　D. 红色

选择好之后，悄悄地记在心里哦，看看哪个选项最多？

选择A较多：你是一个性格沉稳安静的人，心思缜密，做事高效，但你的骨子里渴望叛逆和疯狂。你不会给人留下深刻的印象，别人往往会觉得你是一个中规中矩的人，但这其实并不是真实的你。

选择B较多：你是一个活泼的人，喜欢开玩笑，喜欢探险。你的性格张扬而明媚，会给别人留下深刻的印象，但这印象或好或坏，全取决于你。你善于伪装，在你重视的人面前，你会展现出最好的一面；在你讨厌的人面前，会表现得完全不像平时的你。

选择 C 较多：你是一个聪慧并有些自恋的人，但不想努力，总想着走捷径。你平日有些胡闹，但是知道掌握分寸，会给他人留下踏实可靠的印象。

选择 D 较多：你的性格比较张扬浮夸，喜欢出风头，喜欢仗着自己的聪明而控制他人，喜欢表现自己，有时盛气凌人，所以你留给别人的印象深刻而出众。

第三章

完善自己，赢得人心

在他人最需要的时候出现

《增广贤文》有曰："贫居闹市无人问，富在深山有远亲""有酒有肉多兄弟，急难何曾见一人"，以冷峻的语句道出了世人常为一己之私而嫌贫爱富、趋炎附势的人情现实。诚然，贫贱出知己，患难见真情。每个人都渴望拥有雪中送炭式的友情，每个人都难以忘记那些在落难时曾帮助过自己的人。因此，努力做一个在他人最需要帮助时出现的朋友，才是建立牢固人际网络的基础和前提。毕竟千百次锦上添花，不如一次雪中送炭。

相传北宋时期，一个天降大雪的日子里，宋太宗披着狐皮偎在火炉旁，依然觉得极为寒冷。他抬头望着宫外的纷飞大雪，忽然想起那些缺粮少炭的穷苦人在这样寒冷的天气里，日子应该会更加难过。于是，他命人带上木炭和粮食出宫，把粮食和木炭送到那些挨饿受冻的老百姓家里，百姓们都对宋太宗的善举感恩戴德。"雪中送炭”一词也正由此而来。所谓“人在难处帮一把，马在难处莫加鞭”说的正是交友的境界，而交友贵在交心。如何才能成为交心的朋友呢？当然要有“同甘苦共患难，危难之时显身手”的觉悟，以及为朋友排忧解难、不辞辛苦的奉献精神。如果你恰好成了别人眼中“雪中送炭”的这类人，那么，又何愁没有朋友的青睐，何愁无法收获好人缘呢？要成为“雪中送炭”的人，就要做到以下几点。

一、端正心态，对自己多一点要求，多一点警醒

命运难测，世事无常。人这一生，生死荣辱、得失升降都是无法提前预知的。患得患失只会令你提心吊胆、身心俱疲，唯有淡泊名利、随遇而安，带着一颗平常心接人待物，才能更好地适应生活。古语有云：物极必反，否极泰来。就是告诫我们行不可极处，至极则无路可续行；言不可称绝对，称绝则无理可续言。永远不要自以为是，应予他人一方阴凉。而给别人留余地，也正是给自己攒人品。在人际交往中保持头脑清醒，心底坦荡，不歪不斜，不媚不惑，对人多一份宽容与爱心，不因妄念而倾斜，不因喜乐而忘形，堂堂正正地做人。在他人犯错时，应以包容之心对待；在他人难过时，应送去安慰的怀抱；于人危难时出现，方为处世之道。

二、密切联系，对朋友多一点关心，多一点体谅

想要建立良好的人际关系，必须与朋友多沟通、多了解。如果每个人都只把眼光盯在自己的一亩三分地上，朋友有难了，谁能看得见，谁能听得着，就更不要提在朋友需要帮助的时候及时出现了。因此，朋友之间应当勤于沟通，常出来坐坐，多聊聊天，既可以化解工作或生活中的各种压力，又能增进彼此的友谊。不妨以开放的心态与人交往，这样你才能真正尊重和理解对方的真实感受与要求：如果他害怕孤独，就给他安慰；如果他有所畏惧，就给他鼓励；如果他希望安静，就让他暂时独处；如果他需要倾诉，就在一旁用心聆听。只有深入了解对方的情况之后，你才能知道对方什么时候需要帮忙，帮什么样的忙，怎么样帮这个忙。当然，锦上添花却也无须舍弃。比如，朋友升职了、发财了、出名了，我们也没必要装聋作哑。朋友间的真诚道贺与“阿谀奉承”“抱大腿”没有任何关系，好朋友有了开心的事，当然要替他高兴，为他送上由衷的祝福。

三、将心比心，向社会传播一点正能量

赠人玫瑰，手有余香；予人一盏灯，照亮一群人。让热忱温暖冷漠，用宽容消弭纠纷，将我心比你心，得到幸福的或许是千千万万的人。在别人落难时，你认为事不关已不肯站出来；那么，当你落难时，也不会有人为你伸出援助之手。在公共汽车上为“老幼病残孕”让一个座，在大马路旁向拿重物的老人伸出援助之手，帮走丢的孩子找到他的妈妈，在听到呼救时毅然挺身而出……这一切行为都真真切切地温暖着人心。人与人的交往，其实就是心与心的碰撞。即使是面对一个陌生人，一个会心的微笑、一个体贴的动作、一句真诚的话语，也能融化心灵的寒冬，拉近彼此心理的距离。

要乐于倾听

倾听是人与人沟通时的首要环节，同时，也是人际沟通中最重要的环节。首先，倾听是基本社交礼仪，是对谈话对象的一种礼貌与尊重；其次，倾听可以令谈话更加高效，只有倾听对方的话语，才能够准确地捕捉问题的关键；最后，倾听可以赢得信赖与友谊，用心去听对方的声音，本身就是对谈话对象最大的尊敬。“言多必失”，说得多不一定有好效果，在人际交往中因说错话而导致友谊破裂的比比皆是。西方谚语有云：沉默可以使傻子成为聪明人，意思就是闭上嘴巴安静地倾听。

“最伟大的推销员”乔·吉拉德曾说过：“世界上有两种力量非常伟大，其一是倾听，其二是微笑。”“上帝为什么给了我们两个耳朵一张嘴巴呢？我想，正是让我们多听少说的意思！”掌握了倾听与微笑的伟大力量后，乔·吉拉德的销售业绩蒸蒸日上。他总是对每一位进店的顾客笑脸相迎，并且跟他们聊聊家常：家里有什么人，工作怎么样，有哪些兴趣爱好等。但只要顾客在讲话时，乔·吉拉德都会在一旁诚恳地倾听，哪怕客人啰啰唆唆、喋喋不休。顾客们无一例外地都很享受这种感觉，他们认为得到了尊重与重视，并且一致认为，乔·吉拉德是最会关心他们的人。这样一来，顾客怎么会不喜欢他、不信赖他呢？他的事业和人际关系又怎么会不红火顺利呢？

水深则流缓，语迟则人贵。交谈时，每个人都渴望获得他人的关注，都喜欢别人沉思着将目光投注在自己身上的那种珍而重之的美好感觉。所以，当人们专心致志地倾听对方的声音，沉浸在对方的话题中时，就是对对方高度的赞美，会带给对方一种幸福感与心理满足感。谈话双方的关系自然会因此而拉近，交谈也会变得更加轻松愉快。倾听能够让我们的生活变得快乐，也能够让我们的交际、工作开展得更加顺利。那么，我们怎样才能学会倾听并乐于倾听呢？

一、让对方感觉到你在用心地听

在每个人手中都握有麦克风的年代，似乎大家都在忙于表达自己的意见，急于说服别人，鲜有人能够耐下性子来倾听其他人的声音。更多的时候，人们想要交流，却发现自己不了解交流的对象，以致无法继续交谈。要想了解对方，就需要在谈话时认真倾听对方。此时，我们就必须静下来，打开耳朵，沟通心灵。倾听时，要体现出对对方的尊重，让人感觉到你的态度是诚恳的，可以时而点头时而微笑，肯定并鼓励对方讲下去；倾听时，尽量不要发出其他杂音或者做看表之类的动作，这些声音或动作可能会打断或影响对方；倾听时，视线应该落在对方的鼻尖至前额之间的区域，不要一直盯着对方的眼睛，也不可自始至终没有任何目光交流。

二、在倾听时发问或者做笔记

应该始终保持一种彼此都很舒服的互动状态，听别人说话时，要张弛有度。过分紧张会影响谈话气氛，令场面缺乏温情；过分放松则会令我们注意力散漫，理解力迟滞。两种态度都会降低谈话的互动质量，影响交流效果。倾听的主要目的是了解与沟通，要尽量避免理解误差的产生。此时，追问和做笔记就有了用武之地。既可以进行再次确认，使沟通更加明白清楚，不产生歧义，又可以表明你倾听的诚意，让对方感觉到你在认真听，并且努力去理解他的意思。当然，追问也应有度，不要频繁提问，要尽量让对方把话说完整。

三、选择适合谈话的场合

在什么样的场合能让对方谈话兴致大涨呢？也许是清幽雅致的茶馆，也许是阳光和煦的窗边，也许是天寒地冻时的火炉旁……总之不可能是推杯换盏的饭店或者接踵摩肩的菜市场。因此，要想更好地倾听和了解对方，选择一个合适的谈话场所极为重要。

四、对方语毕后，不要急于发言，留一点思考的时间

不要小看这点时间，它的意义有三点：一是给对方查漏补缺的时间，让对方补充自己的观点；二是利用这点时间组织好自己要说的话，拿捏好语气与措辞；三是令对方感受到你正在消化他说的话，还很重视。所以，对方停止说话后，你最好停顿三五秒再开口，这种停顿会令你说的话具有更高的可信度。

有人说：我们只要花几年的时间便能学会开口说话，却要花费几十年的时间才能学会闭嘴。可见，“不说”是一门更深的学问。倾听是一种社交小技巧，更是一种人生大智慧。沟通时，最难得的是乐于倾听；而倾听时，最难得的是坦荡真诚。

有一些小缺点比完美更好

恋人之间，一方太过完美可能会让另一方产生自卑心理，从而不敢靠近。若时不时地露出一点小小的不足，展现自己笨拙的一面，反而会让对方觉得你真实、可爱，更加愿意靠近。在人际交往中也是如此，过于完美的人总是散发着高冷的光辉，给人一种距离感；而那些时不时犯点小迷糊的人却容易使他人生出亲近之心，对方会觉得此人或许有需要他们帮助的地方，然后心甘情愿地伸出援助之手。小小的错误和缺点会令人的交际吸引力提高，这在心理学上被称为“示弱效应”，也叫“白璧微瑕效应”，就是说，虽然存在着小缺点，却比洁白无瑕更惹人喜爱。

有这样一则寓言：一个斑驳残缺的圆，一心想要找回完整的自己，它到处寻找自己的碎片。由于身体的不完整，它滚动得非常慢，从而得以触摸到阳光的温暖、领略到沿途的花香、与不知名的小虫聊天——直到有一天，它终于找到了自己的碎片，成了一个完美无缺的圆。然而作为一个完美的圆，它滚动的速度太快了，它来不及拥抱阳光、错过了花开的芬芳、忽略了虫儿的私语……当它终于意识到这一点时，它毅然舍弃了历尽千难万险才找回的碎片。于是，它又成了一个残缺的圆，滚动得很慢很慢，但欣慰的是，它重新变得快乐起来。有时失去令我们不同，过分执着于追求完美的人们，不知错过了多少人生路上的风景。

有些人自以为努力上进，整日忙着所谓的正事，拒绝了朋友们一次又一次的活动邀请；有些人执着要强，发誓不向命运低头，避开了身边的人一次又一次关切的眼神；有些人好胜坚毅，独自攻克难关，推开了好心人一次又一次张开的双手……我们总是不认输、不知足，挣扎着想把每一样东西都抓在手里，让自己更加无懈可击，更加完整。可是我们都忘了，把一些东西握在了手中，就会有另一些东西从指缝间溜走。渐渐地，有些人成了朋友眼中的忙人、强人、能人，朋友也不再邀请他们参加聚会、不再跟他们谈那些私密的糗事、看向他们的眼神也不再轻松。他们终于成功地在朋友心中高大起来，却也不得不淡出了朋友的视线。

心理学家认为，人们通常愿意结识一些优秀的人，但如果这些优秀的人表现得没有一丝瑕疵，又会令人们生出一种不真实的感觉。人们就不再发自心底地接纳和喜欢他们，而是会对他们敬而远之。这是源于人们的自我保护心态，人们虽然欣赏优秀的人，但如果差距太大，又会使人们生出自卑之情。如果站在一个能力超群的人身边，难免会沦为陪衬，很少有人愿意充当“绿叶”的角色，来凸显自己的卑微。久而久之，这个有能力的人成了反衬其他人无能和低劣的标杆，成了让别人伤自尊的对象。

人生永远不可能完美，我们应为生命中的残缺心存感激，坦然地看待自己的不足，向别人的体谅表达谢意，向别人的同情表示感激，珍惜围绕着自己的爱与关怀。学会示弱，身边的朋友会越来越多，友谊也会越来越真诚、长久。那么，我们应该有怎样的处世态度呢？

一、努力让人生完整，不留遗憾

我们当然要一如既往地追求完美，追求生命的极致。人的一生，就该是奋斗的一生，是一个跋涉的过程。我们所经历的每一个日出和日落都应是自己奋斗足迹的见证；我们留给这个世界最好的礼物，就是一个奋力攀登的背影。永远不要因为结局无法预料而轻言放弃，更不能因为路程坎坷而怠慢生命，也许再坚持一分，你就能看到暴风雨之后的彩虹。

二、正确看待生命中的残缺与不完美

就像俄国文学家车尔尼雪夫斯基所说：既然太阳上也有黑点，“人世间的事情”就更不可能没有缺陷。没有完美无瑕的人，也没有一马平川的人生。月亮因“盗光”而皎洁，作曲家贝多芬因“扼住命运的咽喉”才创造出不朽的音乐。人生之美，就在于有苦涩也有甘甜；人生之奇，就在于有高山也有洼地，缺点与不足恰好证明了生命的完整。不要对那些残缺耿耿于怀，当你接受现实的不完美后，才能最终成就完整的人生；不要怨叹命运的不公，因为命运永远没有绝对的公平。永远相信梦想，永远不要绝望。生命本没有对错，关键就在于你如何看待这得失参半的生活。首先要直面生命中的残缺，迎战接踵而至的坎坷，我们必须尊重既定的事实。既然“它们”已经在现实中客观存在，就不要再自欺欺人地去否认什么。一味地“藏短”，想方设法地“自我美化”，解决不了任何问题，只能徒增难以承受的心理负担。不如索性告诉自己，我不逃避，我可以坦然接受！

三、学会利用“示弱效应”，适当暴露自己的小缺点

有这样一个著名的社会心理学实验：四位被测试者分成两组先后进行演讲，其中一组的两位才能出众，而另一组的两位才能平庸。演讲时，两组人员中各有一位无意间碰倒了桌上的咖啡。实验结果表明：才能出众组打翻杯子的演讲者位列第一，他的演讲被公认为最具吸引力，同组的另一人则位列第二；而才能平庸组打翻杯子的演讲者，他的演讲则被认为最缺乏吸引力。由此可见，表现优秀、几乎完美无缺的人并不会更受欢迎。如果你是一个能力出众的人，适当地“示弱”或露出些“瑕疵”，反而会赢得更多的掌声。优秀却偶尔犯些小错误的人会给人以更加亲切真实的感觉，会因拉近了心理距离而深受人们的青睐。

美国心理学家马斯洛认为，最成功的人达到了“自我实现”，即充分发挥了自身潜能，几乎趋于完美。而经过对教育、企业等各行业从业人员的调查研究，马斯洛总结出了“自我实现”者应具备的特点，其中第一条就是“能够接受并正视自己的缺陷”。但是，千万不要以为一个人犯的错误越多，暴露的缺点越多，就越能增加魅力。“示弱效应”有自己的产生条件：首先，示弱者应当是具有才能的、比较优秀的人，能力平庸的人则不适用。其次，有能力的人偶尔犯一些小错误，无伤大雅；一旦突破底线，犯了原则性的错误，反而会更惹人生厌。

完美本就是一种缺陷，而缺陷才是完美的最佳出口，正如“断臂的维纳斯”因为断臂才更加富有魅力。在人际交往中，如果想让

其他人更喜欢自己，就不要把自己伪装得完美无缺。我们在努力拼搏、争当强者的同时，也应适当暴露一下无伤大雅的小缺点，降低身边人的心理压力，保护他们的自尊心。如此，他人才会更愿意与我们亲近。

适当地敞开心扉

孔子曰："君子坦荡荡，小人长戚戚"，意指君子当有宽广的胸襟，心底坦荡；心胸狭窄的人，总是忧愁不安，患得患失。俗话说"心底无私天地宽"，所以人应该尽量让自己活得更坦荡一些。如此，便不会被虚名所累，不会再为得失所扰，从而获得内心的宁静。做人坦荡、敞开心扉也是人际交往中的一种艺术与智慧。

心理学家认为，良好的人际关系正是伴随着自我坦白与自我吐露的不断增加而逐渐发展起来的。信任程度越高，人们就越会向对方展示和暴露自己的秘密。两个人的关系越密切，相互之间的自我暴露程度就越广泛、越深刻，相处时也会越发坦荡轻松。"人之相识，贵在相知，人之相知，贵在知心。"这种敞露心扉的广度和深度，恰恰成了衡量与他人交情深浅的一种标准：交心层次越深，说明两个人的交情越深、关系越融洽；反之，如果对方总是遮遮掩掩、语焉不详，对自己心底的小秘密讳莫如深，则表明他对你深藏戒心，只把你当作泛泛之交。

斯蒂文是一家有机食品公司的推销员。一天傍晚，疲惫不堪的他敲开一家住户的门，满怀希望地向女主人介绍自己手中的有机食品。但女主人毫无兴趣，只是出于礼貌而没有出言打断。斯蒂文发现对方毫无兴趣后，一阵沮丧与失落袭上心头，他长叹一声，停止了讲述。此时，他很想找个人倾诉一下，于是，他掉转话头，说起了自己曾经的经历，说自己经商失败，最后被逼无奈做了一名推销员，却连续多日毫无业绩。“也许很快我就会被老板扫地出门，是时候该考虑找下一份工作的问题了。”斯蒂文自嘲着，站起身来向女主人道别。出乎意料的是，她却从抽屉中取出钱夹，买下了斯蒂文推销的有机食品。察觉到斯蒂文不解的眼神后，女主人微笑着解释说：“既然你肯向我讲述你的故事及眼前的窘境，就说明你已经把我当作了朋友。那么，作为朋友，我当然要给予你支持和鼓励。”

一般来说，人们总是更愿意向众人展示自己的长处，隐藏起自己的短处与不足。但有些时候，如果反其道而行之，适当地向对方敞开心扉，让对方看到你的劣势与缺失，反而可能会赢得他人的信赖和理解。这一社会现象在心理学上被称为“约哈里窗户”理论，即“恰如其分地暴露自己可以快速缩短心理距离”。“约哈里窗户”理论揭示了心怀坦荡、诚实待人在人际交往中的重要性。

美国社会心理学家约瑟夫·勒弗特和哈里·英厄姆认为，对个人而言，其认识世界的知识基本上是由四个区域组成的：第一个是“开放区域”，指的是自己了解、别人也了解的部分；第二个是“盲目区域”，指的是别人了解、自己却不了解的部分；第三个是“秘密区域”，指的是只有自己了解、别人不了解的部分；第四个是“未知区域”，指的是自己和别人都不了解的部分。心理学研究表明，大多数情况下，人们总会选择与坦诚、真实的人交往。对那些勇于展示自己缺点和不足的人，人们反而会因他的坦率真诚而缩短相互间的心理距离，使人们有一种踏实可靠的心理感受。法国哲学家伏尔泰说：友谊是心灵的结合。所以，在人际交往中，应尽量扩大“开放区域”，缩小“秘密区域”，适当地敞开心扉，会更容易获得对方的好感与友谊。那么，如何才能适当地敞开心扉呢？

一、把自己的“秘密区域”进行等级划分

正如“自我暴露”具有不同层次一样，我们也可以由浅到深地将自己的“秘密区域”划分成四个等级。第一级秘密，与自己的兴趣爱好有关，包括饮食、偏好一类的生活习惯；第二级秘密，则有关个人态度，包括对时事的评价、对某些人的看法等；第三级秘密，关于个人的自我概念与人际往来的现实状况，包括自卑、嫉妒等负面情绪以及与家庭成员的复杂关系等；第四级秘密，涉及个人的隐私，包括初恋、性经验、曾经有过的欺骗、犯下的错误，甚至一些叛逆的、隐秘的想法和行为等。通过这样的等级划分，人们的“秘密区域”就被区分为几个不同的层次，分类整理后，就可以知道哪些秘密适合吐露，哪些秘密只能埋在心里。

二、掌握“自我暴露”的技巧和分寸

哪怕两个人再意气相投、亲密无间，也不应全然袒露。每个人心中都有一处只属于自己的秘密花园，无论彼此的心有多近，总有一些角落是人们不愿意让他人涉足其中的。这既是为了保护自己的隐私，又是为了能维持与他人正常的亲密往来。因此，“自我暴露”并非越多越好，需要严格把握其中的分寸与技巧。首先，根据等级划分法，将自己的秘密分为普通秘密、机密和绝密。其次，在心底对人际交往的对象进行客观评估，根据亲疏程度，拿捏好自己应该向其袒露哪一级秘密。比如，对亲密的朋友可以有更多更深的自我暴露，而对泛泛之交，对其暴露最普通的秘密即可。最后，“自我暴露”应当循序渐进、顺应天时地利。交往时双方的“自我暴露”程度与深度要基本保持一致，一步步来，一点点吐露，同时注意选准时间和场合。在适宜的时机进行自我吐露，能够快速拉近双方的心理距离；而唐突地倾诉秘密，只会令对方措手不及，甚至慌乱、怀疑，进而使对方产生防卫心理，最终会使双方渐行渐远。恰如其分地“自我暴露”才能催化友情的升温。

三、心境要平和，态度要诚恳

吐露秘密是一个互动的过程，你在诉说的同时，也要照顾到倾听者的感受，一味地喋喋不休，会让对方觉得你只是需要倾诉而已，并没有从心底把他看成多要好的朋友。因此，吐露内心秘密时，语气要平淡，态度要诚恳，让对方感受到作为一个朋友应有的尊重。同时，“自我暴露”还容易陷入这样一个误区：人们把“自我暴露”看成了一个平等交换的过程。也就是说，当人们暴露了自己深层的秘密后，也希望对方暴露其深层的秘密，一旦对方没有及时给予回馈，人们就会认为自己吃了亏，感觉对方并没有把自己当朋友。其实，“自我暴露”本就是坦荡的行为，坦荡本身就是一种大度和宽容，而不是你买半斤我卖八两的生意。宋代思想家朱熹说：“朋友，以义合者。”所以，在敞开心扉的同时，更要有一颗不争执、不计较的平常心。

马克思说：“人的生活离不开友谊，但要获得真正的友谊并不容易。友谊总需要用忠诚去播种，用热情去灌溉，用原则去培养，用谅解去护理。”因此，适当的“自我暴露”，适时地展示自己真实的一面，往往更容易赢得对方的信任。这种信任能够融化戒备与隔阂，坚定理解与接纳之心。所以，适当地敞开心扉会使人们在社交时更加游刃有余，从而受到他人的欢迎和青睐。

站在对方的角度考虑问题

有这样一个故事，叫作《牛和鹅的眼睛》。牛的眼睛构造奇特，眼睛里就像有放大镜似的，什么东西在它看来都比原本的样子更大。所以，在牛的眼睛里，人比牛高大许多，哪怕是在一个孩子面前，牛都会十分温顺，使得调皮的孩子们一点都不怕牛，追着赶着去逗弄戏耍比自己不知要强大多少倍的牛。而鹅的眼睛则恰恰相反，好像里面装着微缩镜一样，什么东西在它看来都比原本的样子更小。所以，在鹅看来，人比自己还要小，以至于鹅一点都不怕人，甚至扑棱着翅膀，主动追着人跑，去啄人，却常常招来人们毫不留情的一脚。

这则故事告诉我们：只从自己的视角看世界，可能会造成很大的偏差。歌王迈克尔·杰克逊说："别站在你的角度看我，你看不懂。"说明同样的一个世界，同样的一个问题，不同的人有不同的看法，这取决于人的文化素养、阅历、人生观。那么，换个角度来看待同一个问题会是什么结果呢？比如，与人争吵时，不妨先冷静一下，想想对方为什么会和自己争吵。通过换位思考很容易发现矛盾产生的根源，因此可通过换位思考的方式来避免与人争吵。而换位思考更是维系友谊的不二法门，人们希望得到他人的体谅，却很少愿意体谅他人，不外乎是没有站在对方的角度考虑问题。那么，人们为什么不愿站在他人的立场考虑问题呢？这是源于人自私的本性，凡事会本能地从利己的角度出发。因此，站在别人的角度考虑问题，对于人的内心来说，无异于一场变革与革命。

俗话说"河有两岸，事有两面"。一切厌恶和喜欢都不可能是毫无道理的。不要总觉得是别人在为难你，故意跟你过不去。不妨从对方的立场思考一下，为对方寻找一些理由。也许是你的只言片语曾给对方造成过困扰，也许是旁人的风言风语混淆了对方的视听……总之，不要急着跟别人交恶，也不要急着摆出一副老死不相往来的架势。如果遇到争执，应把自己的姿态放低，把心胸放宽，要相信这世上没有解不开的疙瘩，没有说不通的道理。只要你态度诚恳，并且能够站在对方的立场考虑问题，那么矛盾很容易化解。

有人说：看法决定想法，想法决定做法，做法决定结果。如果与他人的意见出现分歧，或受到他人的冷遇，不妨重新整理一下自己的思绪，调整一下看问题的角度与方向，尝试着站在对方的角度看问题，一切争执或矛盾或许就会出现一个不一样的结局。那么，如何减少矛盾冲突的发生呢？

一、话到嘴边留三分

俗话说“言多必失”，在与人交谈时，切不可想到什么就脱口而出，也许你不经意的一句话就会使对方产生厌烦情绪。因此，说话时多想一想，尤其是要考虑自己即将出口的言语是否会令对方反感；或者在表达自己的想法时，照顾到对方的情绪，话不可说尽，凡事点到为止即可。有句话说：“话不可说尽，势不可用尽；凡事太尽，缘分势必早尽。”因此，在与他人交谈时，不要竹筒倒豆子似的什么都说，这样很容易产生矛盾或发生争执。应做到话到嘴边留三分，能说的说，不能说的则不说。

二、了解对方的立场

虽然“多听少说”确实是做人箴言、行事良方，可也不能把什么事都憋在心里。比如，他人为什么突然对你冷淡了？与其自己暗自揣测，最后渐行渐远，不如索性直直白白地问在明处。一个女人领着 5 岁的女儿逛集市，但女儿却哭闹个不停，她不明白，集市这么热闹，有着琳琅满目的商品，女儿为什么还一直哭闹。当她蹲下身来准备训斥女儿的时候，她才蓦然发现：原来在女儿的眼中，根本看不到集市的热闹，女儿的眼里只能看到他人的屁股和起起落落的脚后跟。现实生活中也是如此，不同的人看事情当然会有不同的角度。索性把存在的问题摆上台面，大家和和气气、原原本本地把自己的想法、困难和立场讲个清楚明白。这样，对方也知道了你的出发点和顾虑，你也了解了对方的思维方法与行事规律，都清楚了彼此的做法出于怎样的想法和动机后，有利于双方维护或增进感情。

三、开阔眼界

为什么上了年纪的人大多心性平和，那是因为他们经历的事情多，他们的眼界开阔，学会了凡事留有余地，自然很少会与他人发生争执；而且平常人眼中的矛盾在他们看来，也许只是不值一提的小事，他们更愿意体谅别人的难处，不再执着于斤斤计较。读书或与他人交谈同样可以开阔眼界。人开阔眼界后，心胸也会跟着宽广，更乐于站在他人的立场替他人考虑问题，也更容易体谅他人。有这样的心态，在人际交往中，自然会减少与他人产生矛盾的可能。

《孙子兵法》有云："知己知彼，百战不殆。"要做到"知彼"，最直接也最高效的方法莫过于站在对方的角度考虑问题。此时，你会发现问题的解决之道早已落入你的视线，事情的成败也皆在你的掌握之中。同时，你也更加能够设身处地地为别人着想，给予对方更多的理解和敬意。如此一来，你便成了一个受欢迎的人，会有更多的良师益友相伴，也会拥有更多的关怀与温情。能够将别人的想法考虑在先的人，无疑已经掌握了做人的真谛。

学会调整自己适应他人

有一只乌鸦努力地飞往南方，在路上跟同行的大雁聊了两句。大雁问乌鸦："为什么去南方啊？这里不好吗？"乌鸦愤愤不平地回答："这里的人太不友好了！他们讨厌我的叫声，四处驱赶我，所以，我打算飞到南方去试试看。"大雁听后，意味深长地告诉乌鸦："如果你不肯改变自己的叫声，飞到哪里去都只是白费力气。"

面对不顺心的局面，不要忙着抱怨时运不济，怨叹环境不好，怪别人不喜欢你。不肯反省和改变自己的人，只会像故事中的乌鸦一般无处可去。做人应如青竹，未出土时先有节，已到凌云仍虚心；做人应如谷穗，结满丰硕的果实，却肯谦虚地将头垂向大地。遇事先审视自己，改变并调整自己，是一种正确的处世之道，如此才能掌握"变"的智慧。

一、调整自己的心态

地低成海，人低成王。为人处世时，适当放低姿态，反而更容易获得他人的肯定。人在世间行走，难免会遇见是非颠倒、黑白混淆的情况。正所谓"凡夫转境不转心，圣人转心不转境"。改变不了外物，却可以调整自己的心态，端正自己的态度。要知道，愤世嫉俗毫无意义，故步自封更算不得明智，不如在自己能够接受的限度内调整自己，适应他人。真正聪明的人不争高下，不辩对错，他们顾全大局，懂得进退，明白暂时的让步能够有效地减少成功的阻力；他们努力适应他人，在与身边人的和谐相处中不显山不露水地暗蓄能量，而最后他们却可以撑起一片天空。有心无难事，有诚路定通，勇于调整和改变自己的心态，正是“低头”的艺术。低头是为了更好地昂起头，退却是为了更大地进一步，这种迂回的谋略能帮助你更快地走向成功，也会带来更多的朋友。

二、调整自己的情绪

改变和调整自己的情绪，说起来容易，但做起来其实是很难的。在改变的过程中你会觉得：似乎被磨去了棱角；似乎牺牲和辜负了自己，戴上了束缚人的假面具；委屈地模仿和屈从着别人，不能再畅所欲言，无法再顺遂心意。但想要有所得，必须有所弃，没有付出就没有收获，正如剧作家萧伯纳所说，明白事理的人，自己会去适应世界；不明事理的人，却想让世界适应自己。在人与人的交往中，如果不善于控制情绪变化，则会使你身边的朋友越来越少。因为当你给他人传达负面情绪时，也在传达一个信号，那就是“我并不重视你”。而善于控制情绪变化的人往往在人际交往中如鱼得水，无往不利。

三、调整自己为人处世的节奏与分寸

“木秀于林，风必摧之；行高于人，众必非之。”想要积蓄力量，不招人妒，最好的办法就是融入大环境，以此保护自己。就像长跑运动员一样，该冲刺的时候当然要拼尽全力，但时机未到之前，最好隐在人群里保存实力。古人说，智者顺时而谋，愚者逆时而动。法国思想家蒙田也曾说：“既然不能驾驭外界，我就驾驭自己；如果

外界不适应我，那么我就去适应他们。”因此，为了更好地适应环境、适应他人，必须改变自己的思维方式和生活习惯。

四、调整自己的知识储备

要想适应日新月异的环境，融入发展进步的人群，就必须不断地学习，不断地增加自己的知识、技能，从而跟上这个信息大爆炸的时代。这不但是为了更好地胜任本职工作，也是为了更好地维护人际关系。不然，当有一天你发现，对于朋友谈论的话题，你却一无所知，那你们之间的友谊便会开始降温，直至变成最熟悉的陌生人。虽然友谊的最高境界是“不言语已知其心”，但在平常的人际交往中，无话可说往往是疏远的开始。

有人也许会反问：适应他人，不就是迁就他人吗？为什么让自己活得这么憋屈呢？其实不然，生活中迁就别人，虽然表面上好像是吃了亏、受了气，但实际的利益是我们受之不尽的。“忍一时风平浪静，退一步海阔天空”，这样的句子之所以能够流传至今，足以证明包容的魅力。

给别人留余地

弘一法师说：“处事须留余地，责善切戒尽言。”向我们阐释了言不可绝对，宜宽厚待人的真谛。做人得意时须留余地，与人方便，与己方便。不把话说绝，不把事做死，似乎是讲求中庸之道的国人千百年来的人生信条。毕竟，于情不偏激，于理不过头，如此，方显进退有据、上下自如。

楚庄王绝缨宴的故事或许大家早已耳熟能详。有一次，楚庄王夜宴群臣，饮至兴起时，便命自己的宠妃去下面给诸位重臣一一斟酒。就在这时，突然从门口卷进来一阵大风，一下子吹熄了席间所有的灯，霎时漆黑一片。此时，宠妃感觉有人在黑暗中反复摩挲自己的手臂，恼羞之下反手一抓，将此人的帽缨一把拽了下来。然后她立即回到座位，又急又气地将此事告知了楚庄王，要他立刻下令点亮蜡烛,找出那人并重重地责罚于他。谁知楚庄王略一思索,却并未照做,反而出声制止了正欲重燃灯盏的下人，大声下令，让在座群臣一律拔下帽缨，借此助兴。大家都照做之后，灯再次亮了起来，宴席间又恢复了觥筹交错的热闹场面。七年后，楚郑之战时，有一位将军英勇无比，置生死于不顾，奋勇杀敌。在楚国大胜后，论功行赏时，楚庄王欲赐其重赏，该将军却羞愧难当地长跪不起。原来，他就是当日趁黑调戏宠妃的那个人，楚庄王不以为意，称酒酣之举，不足挂齿，此事不必再提。这位将军越发感激楚庄王，从此对楚庄王誓死相随。

这个小故事充分体现出楚庄王高超的领导智慧与做人的成熟练达。须知对于楚庄王而言，冒犯宠妃事小，得一死士事大，留人宽绰，于己宽绰，这就是古人“遇事留三分”的智慧。一方面给自己留了退路，令自己可以从容转身，下得了台；另一方面也给别人留有余地。那么，我们在为人处世时该怎样做到“行不至于绝处，言不至于极端”呢？

一、以宽容之心待人，设身处地，推己及人

孔子曰："己所不欲，勿施于人。"斩断别人的路，自己的前路未免危矣；打翻别人的碗，自己的饭碗安得长久？不让别人为难，就是不让自己为难，所以，待人接物当怀一颗宽容之心。"路径窄处，留一步与人行；滋味浓时，减三分让人尝。"即使是在激烈的竞争中，也不该把对手往死路上逼。真正的竞争不是向别人下黑手、使绊子，而是让自己变得更强大更完美，让对方输得心服口服。微软公司创始人比尔·盖茨说："以宽容的态度对待失败者正是硅谷成功的关键之所在。"咄咄逼人总是伤人的，而留有余地才能赢得更多的尊重与合作，收获更多的朋友与机遇。

二、把握好人际交往中的"度"

无论何时，不说过头的话，尤其切忌交浅言深。"寒冬的刺猬相互靠近取暖"的心理实验强调人际往来时的"心理距离效应"，人与人之间的交际要有个"度"，太近则彼此伤害，太远则欠缺温情；近之则不逊，远之则有怨。因此，与人相处要注意"度"的掌控，不要说过头的话，不要做过分的事。严谨守"礼"，适当保持距离，不过分干涉对方的思想和生活，才能令彼此的关系青山常在，细水长流。

三、留余地不等于姑息纵容

留余地是留出痛改前非的机会，而不是对成心犯错的一味放纵。尊重别人的前提，首先是尊重自己的内心。有时候，你认为某些处理方式是息事宁人，是得饶人处且饶人；但你可知这样的"余地"

只会放纵他们在错误的道路上越走越远，最终令他们深陷迷途？这种余地是害而不是爱，是坑而不是帮。所以，留余地也要看具体的事情或具体的问题。务必牢记，在原则性的问题上，甚至在违背良心的问题上，没有人情可讲，更没有余地可留！

懂得适当迎合

为什么意思相近的言辞，有些人说出来就瞬间冷场，而有些人讲来却令人欣然接受？为什么相同的一件事，有些人能够手到擒来，而有些人却非得苦战不休？为什么同样的年纪资历，有些人平步青云，而有些人却一生原地踏步？为什么同一份工作，有些人干起来如鱼得水，而有些人却郁郁不得志？为人处世是一门学问，没有人是常胜将军，也没有人终其一生毫无起色。但请记住，想要做到人情练达，懂得迎合他人是必不可少的。

渴望被了解，渴望被认可。即使再卑微的人，也会想尽可能多地引起他人的注意，让他人意识到自己的重要性。想要处理好人际关系，就要抓住这一法则：你越使别人觉得自己重要，别人对你的回报和馈赠也就越多，而你在对方心中也会变得越发重要。这就是我们前面提到的社交技巧——迎合。当然，迎合还需适度，太过则成了阿谀奉承。那么，在人际交往中，怎样才能做到适当迎合，既让对方感觉受到重视又不至于令对方轻视你呢？

一、揣摩用意，掌握对方的心理

要迎合对方，首先必须弄清楚对方真实的想法。透彻地了解对方的境遇及心态，知道他想听的、想要的、想得到的究竟是什么，然后才谈得上迎合。而现实生活中，人们并不是时时刻刻都肯敞开心扉与人相处的。很多时候，一个人内心深处的所思所想与其语言、动作等外部表现会呈现出完全不同的两种状态。古人云："不知来，视诸往。"就是强调要通过对方过去的言谈举止来了解其性格与想法，在随后的交往中就可凭借之前的判断，推测出对方的细微举动所蕴含的用意，从而读懂对方委婉的暗示以及洞悉其内心世界里最为真实的想法。有些人经常对他人评头论足，可能预示着此人嫉妒心较强，而这类人往往人缘不好却又内心孤独；有些人说话时常常避开某个话题，可能说明此人有隐衷或者恰恰对这个话题所谈论的事物存有强烈的欲望；有些人总爱发牢骚、说风凉话，可能说明此人心胸较为狭窄，其对现实不满而又自视清高；有些人总是抨击和贬低新事物，可能是由于此人思想僵化，固守传统，害怕改变。

二、放低姿态，站在对方的立场上说话

明白对方的用意之后，不要急于生硬而做作地百般迎合。耐心地倾听对方的讲述，距离要适度，眼神要专注，辅以适时地点头和发问。待对方全部说完，你早已胸有成竹，知道了对方的立场和底线，自然就清楚自己该怎样不露声色地迎合。而所谓迎合，首先是要在你的话语中充分肯定和认可对方的出发点与需要，表示能够体会他的难处与苦衷，然后给出一些有益的意见和建议。如果你恰巧能够帮上忙或有办法解决这个问题，那对方就会越发重视你。在与对方交谈时，选择他们感兴趣的话题，尽量多谈论对方的经历，并且引导对方多讲一讲个人的情况。喜欢听好话是人的天性，在交谈中，适度的赞美会令对方感到内心愉悦、欢欣鼓舞，并情不自禁地对你产生亲切感，彼此之间的心理距离就会相应缩短，自然就为人际交往创造了有利条件。迎合首先是要放低身段，如果说对方讲得一无是处，那对方自然反感，接下来的交谈也会变成应付的形式。所以，即使对方话语中确实有你无法接受的观点，也可以先从大的方向顺着对方说，承认对方的部分观点，然后再站在对方的立场上考虑、分析某些不足，最后再委婉平和地陈述自己的不同意见，以供对方参考。而为他人考虑就是最好的迎合。

三、有礼有节，不卑不亢

迎合需有“度”。而这个“度”恰恰最难把握，少则没有迎合的效果，多则唯唯诺诺、略有阿谀之嫌。为什么有些人说逢迎的话，就让人感觉虚伪，甚至激起一身鸡皮疙瘩；而有些人说迎合的话，却让人觉得真诚坦荡、如沐春风？关键就在于如何把握措辞语气间的这个“度”。迎合他人不可太过，太过于迎合对方软弱的心灵，会把对方变成一个狂人。什么样的迎合才算过呢？言谈偏激、举止夸张的迎合是为过；说话暧昧、语意含糊的迎合是为过；毫无主见、“看人下菜碟”的迎合是为过。迎合不是朝令夕改、食言而肥；迎合也不是胡乱指责、见风使舵。迎合是从善如流，是先理解了对方的不易以及怜惜对方的苦处后，真心诚意送出的支持与鼓励。迎合的艺术在于：学会赞同和认可，明白地告诉对方你对他的认可；当你不赞同时，可以委婉地提出，但一定要避免与人争论。而不失本真、发自肺腑地迎合才会令人心悦诚服；不卑不亢、不耍心机地迎合才叫人感动慰藉。“虚伪的迎合是友谊的毒剂，诚恳的批评是友爱的厚礼。”

适当地迎合，会让别人感受到被理解、被赞同，对方就会有幸福感，而对方的幸福感越浓烈，就会使你越快乐。正应了那句“赠人玫瑰，手有余香”，幸福感不是源于自私而是来自无私。适当地迎合他人会使你的福气越来越多，也会使你的人际交往之路越走越广。

心理测试：你是否善于交际

你善于交际吗？你所拥有的交际能力足以适应自己的各种社会角色吗？它们足以令你在方方面面的人际交往中应付自如、游刃有余吗？来做一做下面的心理测试题吧。

1.“结识新朋友，不忘老朋友”，你和朋友之间的友谊一般来说能够维持多长时间？

A．大多数属于天长地久型

B．相处的时间长短不一，志趣相投的朋友会更久一些

C．朋友圈子更替频繁，旧的不去，新的不来

2. 你认为自己在与人交往时的具体表现是怎样的?

A. 我的谈吐睿智深刻，常常引人深思，发人深省

B. 我很随和且值得信赖，会使人轻松、随意、自在

C. 我喜欢逗大家开心，有我的地方就有笑声

3. 跟朋友们交谈时，你通常持有哪种态度?

A. 爱赞美别人，经常谈论他们的优点

B. 不屑于假意奉承，但也不愿苛责刻薄

C. 直来直去，有话照实说

4. 你和别人交朋友的主要目的是什么?

A. 多个朋友多条路，说不定什么时候就派得上用场

B. 希望有人关注、有人欣赏

C. 令自己过得更加多姿多彩，增添生活情趣

5. 当有朋友劝阻、告诫甚至批评你的时候，你会怎样做?

A. 虚心接受

B. 虽然不服气，但还是勉强接受

C. 当场拒绝

6. 一个人出门旅行时，你会怎样做?

A. 让自己独处，一个人消磨时间

B. 希望能够交到朋友，常常主动跟别人聊天

C. 非常容易结交天南海北的朋友

7. 你通常会如何认识一位新朋友?

A. 在一些特定场合下遇见，然后开始接触

B. 经过一番考虑后，才决定继续来往

C. 由熟人引荐认识新朋友

8. 如果朋友总是很依赖你，你会有怎样的感觉？

A. 觉得对方好烦，总想躲着他

B. 虽然不太在意，但还是希望对方能有一定的独立性

C. 很享受被人依赖的感觉

9. 对于那些曾经帮助过你的人，你会怎样想？

A. 念念不忘，认为滴水之恩，当涌泉相报

B. 朋友之间就该互帮互助，无须太过在意

C. 不过是些陈年旧事，不必再提

10. 对于身边的异性，你会怎样想？

A. 男女有别，尽量少来往

B. 公事公办，只在必要时才去接近对方

C. 乐于结交异性朋友，相处得很愉快

11. 跟同事们约好了下班后一起去打球，但你突然感觉很累，不想动弹，此时，你会怎样做？

A. 一诺千金，仍然赴约，并尽量表现得高兴一些

B. 继续赴约，但向同事们讲明情况，适当缩短打球时间，早点回家休息

C. 打电话说自己身体不舒服，希望他们谅解

12. 有人邀请你郊游，或在晚会上表演节目，你会怎样做？

A. 断然拒绝

B. 找个理由，委婉推托掉

C. 欣然允诺，并兴致勃勃地准备

13. 你认为做朋友的首要品质是什么？

A. 踏实可靠，值得信赖

B. 像“开心果”一样使人轻松快乐

C. 懂得欣赏对方，关心体贴对方

14. 在你的人际网络中，最被看重的一般是哪些人？

A. 领导、上级、有钱有权势的人

B. 社会地位与自己对等的人

C. 诚信、善良的普通人

15. 初到一个新的环境，对于其他人的相貌、名字及各自不同的特点，你能够很快记住吗？

A. 用心去记，很快就能准确地记住

B. 试着记住，但似乎并不成功

C. 完全没在意过这些细节

计分标准：

题号	1	2	3	4	5	6	7	8	9	10	11	12	13	14	15
A	1	5	1	5	1	5	1	5	1	5	1	5	1	5	1
B	3	3	3	3	3	3	3	3	3	3	3	3	3	3	3
C	5	1	5	1	5	1	5	1	5	1	5	1	5	1	5

测试评析：

15 ~ 29 分：善于沟通型。你是一个左右逢源的人，却又不令人生厌，凡事处理得恰到好处。你非常善于交际，且具有谦虚、真诚、宽容、隐忍的良好品质与性格特征。你为人处世的经验丰富，做事老练，进退得宜，极具社会交往的分寸感与艺术性。无论你身处何种位置与境地，总会有温暖的笑脸和真挚的友情围绕在你的身边。你逢迎别人却并不伪善，即使有不同观点也只是压抑、忍耐，而不与人产生争执。不过，你要注意化解自己内心深处的不满，不时地给负面情绪一个出口。

30 ~ 57 分：择善固执型。你是一个有严格底线的人，容易与人沟通，会有很多相处得不错的朋友。在自己认为对的事情上，你会十分坚持，不肯轻易妥协。也正是基于此，你的朋友多为泛泛之交，交往起来似乎总有隔阂，而真正能够跟你推心置腹的知己却不多。保持强颜欢笑是一件很辛苦的事，因此，你会时不时地感到一阵阵的疲惫与苦闷。所以，在挑选合作伙伴的时候，最好选择那些与你的想法很相似、更加了解你的人，这样才可以有效地减少冲突，而不必委屈自己。

58 ~ 75 分：完全自我型。你是一个以自我为中心的人，凡事都把自己的感受放在第一位，似乎过得很真实、很坦荡。但由于交际能力较差，阅历与经验不足，你常常会感觉自己游离在众人之外，总会遇到许多不必要的麻烦。明明不愿独行，却一再被人孤立，要强的你只得摆出一副高傲的面孔，摆出拒人于千里之外的架势。如此就形成了一种恶性循环，不了解你的人会因你的孤高而更加疏远你。你的路也会越走越窄，最后会陷入泥潭，举步维艰。最好的解决之道是学会推己及人，试着去理解别人的感受，维护别人的自尊心，发现别人的优点，体谅别人的苦衷，用一颗诚恳、信任、友爱之心来对待他人。适当做一些妥协，既不会委屈自己，又能够尊重别人。在面对团体生活时，你要努力多为别人做一些事，成为一个合群的人。

第四章

读懂异性，赢得爱情

了解择偶心理

“窈窕淑女，君子好逑”“凤兮凤兮归故乡，遨游四海求其凰。”择偶即选择自己的生活伴侣，它是建立家庭很重要的一环，对一个人的一生来说具有十分重大的意义。婚姻是否美满，家庭是否稳定，是关系到自己苦乐祸福的大事，也是关乎社会是否安定和谐、国家是否繁荣昌盛的一个重要方面。影响婚姻的因素有很多，而择偶心理则是最基本的因素之一。择偶心理主要是指择偶过程中的心理现象和心理活动规律。由于每个人的生理状况、心理需求、择偶原则、家庭背景与所处环境等不同，爱情观、婚姻观和家庭观也因人而异，而这种在选择配偶过程中按照综合的条件使自己的择偶标准得以实现的心理期待方式则被称为“择偶心理模式”。

但择偶不仅仅是一个选择机会和选择自由的问题，它在很多方面都受到社会文化潜移默化的影响。尽管年轻人选择配偶的自由和机会越来越多，然而许多超出个人意志的因素会限制他们合适人选的数量，如社会文化、亲友群体，还有社会背景等。此外，从众心理、求全心理、传统观念和偏见，以及“晕轮效应”等都会对择偶产生影响。

心理学家B.Murstein认为，人们在选择配偶时通常需要经历三个阶段，即刺激阶段、价值阶段和角色阶段。

在开始阶段，也就是刺激阶段，双方在对对方信息不了解的情况下交往，因此，相互吸引也只限于身体层面（容貌、身材等）。在这个阶段，无论男人还是女人，都非常看重外在形象。而一个人的社会名誉、社交价值等都在外在形象上有所体现。在这个过程中，个体很容易受“首因效应”影响，即看到对方的一个优点就会把对方的所有都往好的方面想，反过来一个缺点也可以让人联想到他的很多缺点。而且评价对方的同时也在评价自己，并进行比较，试图寻找在吸引力方面与自己大致相等的人继续交往。

价值阶段。这时继续吸引对方的主要决定因素是双方的价值观和态度的一致性。在继续交往中，通过涉及社会、生活的方方面面内容的交谈，双方在暴露自己的态度、价值观和信念的同时也了解到对方的态度、价值观和信念。如果他们发现彼此在主要的态度和价值观上是一致的，那么他们之间的相互吸引力就会增强。

角色阶段。在这个阶段，双方开始更多地关心他们经营一个共同生活单位也就是建立家庭的能力。双方集中关注的是在特定情境下个体期待对方的行为方式，也就是角色。如果双方都认为对方的行为方式是符合自己的期待的，那么也就是角色配合的，双方会对这种关系非常满意，而这个关系也就是高度安全的。

在这三个阶段中，分别体现的个体婚姻动机是外貌吸引、相似吸引和互补吸引。此外还有邻近吸引，指的是地理位置接近的人或生活中经常接触的人会更容易彼此吸引。还有一种情况叫“距离产生美”，说的是人在朝夕相处或很熟悉的情况下，会对彼此的缺点了如指掌，从而失去吸引力的情况。综合来讲，择偶心理模式一般有以下几种。

一、感官满足型

这种模式遵循健美的原则，要求配偶的身体、容貌、谈吐、举止、风度适当，直观的美感享受至上。这样的爱情属于哈特菲尔德观点中的激情爱，也就是“一见钟情”，是一种突然爆发的、压倒一切的情绪反应，身体上也会迅速地产生“爱情荷尔蒙激素”。这类感情大多肤浅动荡，由于受外貌因素的影响较大，极容易因缺乏互相了解而迅速产生厌烦情绪，感情难以长久。

二、精神满足型

这种模式要求寻找理想、事业、兴趣等方面与自己一致的人生伴侣，要求对方德才兼备，在才能、品德方面优良，在年龄、学历、职业和信仰方面与自己相似，或是在性格、生活、工作方面能够相互扶持、相互帮助而不冲突。精神满足型的伴侣更像是亲密的朋友，与生活在一起的伴侣彼此理解、关心与尊重，互相依赖，这样建立起来的婚姻关系比较稳定持久。

三、功利满足型

这种模式的夫妻是以爱情之外的出身、财产、学历等条件为基础而结合的，属于“理性的经济人”。这类男女择偶考虑的不是对方这个“人”，而主要是着眼于一些附加条件，关注对方给自己带来的好处，追求物质利益和种种实惠。当双方的收益与成本都基本平衡时，这种婚姻才能够维持下去。但这种婚姻潜在的危险是：第一，如果一方的收益减少或者成本增加，就会出现不满，导致感情危机。第二，由于注重功利，夫妻生活缺乏浪漫色彩，较为冷淡，一旦出现问题就互相指责，难以和解。第三，难以获得爱情享受，可能会导致婚外情，从而使夫妻关系紧张。

恋爱中男女的心理差异

作家张爱玲说：“于千万人之中遇见你所遇见的人，于千万年之中，时间无涯的荒野里，没有早一步，也没有晚一步，刚巧赶上了，那也没有别的话可说，唯有轻轻地问一声：‘噢，你也在这里。’”这句话让人们对爱情充满了憧憬。

爱情是古今中外文学艺术永恒的主题，也是人生幸福的一大追求。爱情是人际吸引最强烈的形式，是身心成熟到一定程度的个体对异性个体产生的具有浪漫色彩的高级情感。为什么人类会有爱？爱情是如何产生的？男女在恋爱中有何心理差异？

爱情作为一种特定的情绪，是一方因对方的一些不太明确的原因引起了生理唤起。因此，爱情总是包含不同程度的浪漫主义色彩，是一种瞬间爆发、强烈到甚至不现实的情感投入。然而激情产生的爱并不能持久，仅仅是一种快乐的情绪，爱情的产生除生理唤起外，还必须有认知的过程。由于男女两性在生理上有许多不同之处，再加上受社会性别文化和自身成长经历的影响，男女在恋爱中的心理和行为也存在着明显的差异。

20 世纪 80 年代，心理学家巴斯和他的同事选择了 30 个国家的征婚广告进行分析，男性比女性更强调未来配偶的生理吸引力和性功能；而女性比男性更看重未来配偶的经济实力，并且更看重未来伴侣的成就动机和勤奋等特征。对于男女之间这种普遍的择偶偏好，巴斯采用进化论的观点给予解释。从亲代投资的角度来看，与男性相比，女性对后代有更大的亲代投资，女性的基因传给下一代的潜能远比男性小得多，并且女性的生育期和男性相比更受年龄的限制。在长期进化与自然选择的作用下，为了把自己的投资（基因）传给下一代，男性和女性在择偶上形成了不同的标准。男性更强调未来配偶的生殖潜能（如年轻、美貌等生理吸引力），女性更强调男性提供资源和保护的潜能（如能挣钱、有雄心和勤奋等）。年轻健康的女性具有更强的生殖力，而具有财富和权力的男性更能保证女性在怀孕期间和养育后代的过程中所需的资源，具有这样特性的女性或男性更容易繁殖自己的后代。因此，进化过程选择和保留了这种择偶偏好。

男女两性除在对异性外表的追求以及择偶所看重的因素上有所不同外，在情感的表达、情感的选择以及情感交流方式上也有不同程度的差异。男性在女性面前的情感特点是外露和热烈，而女性在男性面前的情感特点是内涵与深沉。作家曾子航在《男人是野生动物，女人是筑巢动物》一书中详细论述了两性在情爱表达方面的差异性，如果把情感比喻成角斗场，男性更喜欢主动出击，像个角斗士；而女性则更享受被动等待，擅长守株待兔。在感情交锋中，男女双方互为对方的猎物，区别在于捕猎的方式不同。男性在生理上的优势注定了他们的天性是喜欢追逐，女性则是这场追逐游戏中的猎物。男性更享受在感情中主动追逐的乐趣，而女性像是张开网的蜘蛛，设下一个香气诱人的陷阱，等待上钩的猎物。男性在情感选择上更加自由开放，而女性则相对保守专一。

男女的思维方式不同导致双方的恋爱思维方式也有很大差异。男性和女性由于天生的生理及思维差异，对待事物有着迥异的看法和解决方式，而在恋爱中，这很容易产生种种矛盾。电影《乱世佳人》中郝思嘉与白瑞德的一番争执，说明男女两性在思维方式以及情感交流方面是存在差异的：男性更擅长逻辑思维，说话做事有目的性，更擅长分析和解决问题，不擅长思考像爱、需要、信任之类的朦胧概念，更喜欢用事实说话。而女性的思维比较曲折和复杂，她们关注的东西更多，思维跳跃性更强，更加注重交流的过程而非结果，更善于倾诉和倾听。

小于某一日受伤了，怕女朋友着急，给女朋友发了一则短信说：

“我今天中午在公司受伤了，静静送我来医院了，现在已经没事了，你放心吧。”女朋友的第一反应是“谁是静静”，这让人哭笑不得，但这恰恰体现了男女爱情思维中的差异。

恋爱的博弈中没有输赢，只有谁爱谁更多一点。爱情或许是人生课业中最重要的一门，谈恋爱也是需要学习的，男女两性都需要多学习一些爱情理论知识，深入了解对方并尊重对方的情感，学习掌握两性沟通的方式与技巧，那么就能够轻松摆脱由思维方式不同所产生的困惑，更加轻松地掌握感情之舵。

你适合与什么类型的人谈恋爱

根据俄狄浦斯情结分析得出：成年人恋爱中会对和自己父母形象或性格相似的异性产生爱慕之情。当你在恋爱中遭遇感情困扰时，总会苦思冥想是哪里出现了问题，梳理之后，总会闪念“是不是我们不合适，我们有缘无分”。但双方相处的好坏与自我认知的适合与否并无多大关系。比如，你认为适合你的人很多，但未必都能好好相处。以下几种组合是比较常见的。

一、心理互补型组合

心理互补型组合，多数情况是其中一方对另一方的依赖心理比较重。由于人的心理年龄不等于生理年龄，许多人到该恋爱的年龄时，虽然其生理已经趋于成熟，但是由于涉世未深等原因，这些人的心理年龄小于自己的实际年龄，这类人处处喜欢依赖他人，需要他人的关爱和呵护，有这样“小孩”心理的人往往会选择“家长”式的异性作为伴侣，这种恋爱关系可以满足这类人渴望被关爱或呵护的心理诉求，虽然这种恋爱关系往往不平衡，但这样的搭配却又是相对稳定的。

二、感性型和理性型组合

有些男性在选择伴侣时偏爱温柔听话、小鸟依人型的女性，但有些男性却渴望找一个妩媚又不失激情的女性为伴；而女性也往往会纠结于是找事业有成的男性，还是找温柔体贴的男性。所以许多人面临一个两难的选择：是应该选择一个适合自己的，还是坚持选择自己喜欢的？感性的人往往在恋爱中无法克制自己的情绪，而理性的人会在恋爱中更多一些包容，因此感性与理性搭配的恋爱关系也会相对稳定。双方都过于理性，便会不约而同地客观分析彼此是否合适，如果双方认为彼此合适，也可以携手走完一生，但是生活中却会缺少激情，总是平平淡淡地度过；而两个感性的人又总会陷入“你到底爱不爱我”的争吵之中，无法跳出这个死循环。

三、互不成熟型组合

许多人的心理年龄都停留在相对幼稚的阶段，这样有着小孩脾气的人考虑问题的时候多以自我为中心。这样的两个人谈恋爱，爱起来山崩地裂都不怕，但是吵起来也会是一场世界大战，互不相让。这样的爱来得快，去得也快，这样的爱若想长久，必须有一方做出妥协和让步。毕竟在爱情的世界里，无所谓谁对谁错，这样的恋爱关系能否维持下去，取决于是否有人愿意做出让步。

四、权力服从型组合

有些男性有“大男子主义”的心态，这种男性在恋爱关系中一般都比较强势，他们要求自己的绝对地位和绝对权威，女性只需服从即可。这种恋爱关系中男女地位明显不平等，这源于双方的社会地位与经济实力的差别，从而导致弱势一方依附强势一方。因此，这样的恋爱关系亲密度不是核心，重点是强势一方对弱势一方的掌控力。比如，有些女性感叹世道艰难，所以会找经济实力比较雄厚的男性为伴侣，但因为双方的收入不对等，导致女性在恋爱或家庭关系中逐渐趋于弱势。而有些男性喜欢此种恋爱或家庭关系，以满足其权力欲。

恋爱中的人会因为爱情改变很多性格和习惯，而各种搭配类型是否合适，取决于相处中双方的包容性，可以说没有不合适的恋人搭配组合，只要自己确定想要继续下去，就会包容对方。包容也是恋人或夫妻的相处之道，可以使男女间的感情稳定长久。

恋爱中的男女攻守

男女间的爱情是一场互为攻守的游戏，在这场游戏中你追我赶，躲猫猫，捉迷藏，是一个斗智斗勇的过程。难怪有人说爱情三十六计，敌进我退，敌退我追，敌驻我扰，敌疲我打。男女之间的爱情攻守，周而复始，不是命运作祟，而是男女性格使然。恋爱的过程其实是一种若即若离的状态，像是在跳舞，你进我退，你退我进，却又保持触手可及的距离。在男女恋爱的攻守战中，最常用到以下几招。

一、知己知彼，百战不殆

女性多是柔软多情的，一头扎进感情里就再不考虑其他。而男性多是欲望决定爱情，需求决定追求。男攻女防，正是这种战争最主要的特征，而这种战争十之八九的胜者是男性，女性往往会输得一塌糊涂。因为男性独特的生理构造和性别优势显示：男性天生喜欢追逐的感觉，他不会享受被追逐的乐趣。所以，通常情况下都是男性追求女性。男女初识，千万别相信所谓的“一见钟情”，女性没有投入感情时自然也不会行动，男性却因欲望而动情。男性只有感觉到自己对女性有欲望、有需求时才会发起追求的攻势，被欲望推动疯狂出击。此阶段的女性无疑处在优势地位，男性会放下身段，用尽方法以博红颜一笑，此时，主导权主要在女性手中。当然，如果女人对某个男人动心，静等那个男人主动追求则略显被动。女性可以展现自身魅力，不断创造与此男性相处的机会，通过更多的接触，吸引男性追求自己。

二、步步为营，欲擒故纵

恋爱中男性的脉络仍然是清晰的，男性主动追求的战术离不开试探、表达、讨好、请求四个环节，由于个体思维方式不同，具体行动上会略有不同，如曲线救援，围魏救赵，或者明修栈道，暗度陈仓，抑或强行攻占，不论哪种方式总是跳不开这些步骤的。

快速战也好，持久战也好，时间一长，等女性真正投入感情，对男性产生爱意时，双方的角力便会势均力敌，战局也开始转入胶着时期。这时候的双方关系初步确立，但不明朗，此时男性不会忽略女性的任何感受，会对女性加倍关心照顾，稳扎稳打。若想彼此关系再进一步，男性或女性便会施展欲擒故纵的招数。比如，突然失踪几天，或者若即若离、爱理不理，这时候是战局的关键，谁先主动谁便输了，之后的战局就大不相同。但是，如果双方都不主动，那么这场战争游戏很可能提前结束。

三、若即若离，远交近攻

女性的善变是最令男性迷惑不解的。比如，初期交往，彼此恋恋不舍，恨不得一天 24 小时都在一起，但随后却会出现女性对男性忽冷忽热的情况。女性在恋爱中的前后变化让人百思不得其解。

这时的女性总是让男人有种捉摸不透的感觉：她到底想不想和我在一起呢？这是因为女性在权衡这段感情，此时男性多采用外围战术，即远交近攻。他们会先去讨好女性周围的朋友、闺密、父母以及一切可能争取来的资源，一旦女性思想或行动上放弃这段感情，外围力量就会蜂拥而上，不停地为这个男人说好话，此时女性若不是很坚决地放弃，那么很快就会掉入男性编织好的关系网中无法脱身。

四、请君入瓮，攻守兼备

现实中有一套关于爱情的成本理论：通过男人对一个女人投入

的成本来看他对这个女人有多重视。有些女性扬言：看一个男人爱不爱你，就看这个男人舍不舍得给你花钱。当然，我们不认可这样拜金的感情观，可也不能存在“有情饮水饱”的思想误区。比如，不少女性天真地认为：只要有感情，其他一切都不重要。这样的女性认为自己高傲、纯洁，不爱慕虚荣。但是没有经济基础的感情就像空中楼阁，只能昙花一现，更不要说彼此间的性格差异、家庭环境差异等其他客观因素对感情的影响了。如果一个女人不想成为感情的输家，就应好好观察男人究竟为自己投入了多少成本，这里的成本不是单纯指金钱，而是包括关心程度、投入的时间、投入的精力等。而一旦确认男性投入成本后，女性往往感动得一塌糊涂，这时候的女性已经完全陷入男性编织的爱情“圈套”中，两人的感情也渐入佳境，进入双方最甜蜜的爱情蜜月期。但至此之后的女性将可能丧失主动权，变成爱情游戏中的弱者，战局将逆转。因为女性已经是被捕上来的鱼，已经上钩了还需要用饵吗？

当一切已成定局，这时候的男女双方幸福吗？这就要看男女对感情的维护程度了，男女的恋爱游戏本就是你情我愿，幸福与否，一半凭命运，一半凭智慧。任何人在“感情”面前也无法轻松驾驭，攻守方每一步都得恰到好处，早一步或是晚一步都可能宣告游戏提前结束。而这场游戏的最终目的不外乎是想找一个伴侣，只要结果是好的，又何必介意过程的曲折呢？

女人最“吃”男人哪一套

男人在爱情追逐战中总是主动进攻的一方，那么男人在这场战役中怎样才能取得胜利呢？这就要讲究一些策略，策略对了才能事半功倍。

一、鲜花永远是最有效的武器

送花虽然是老套的手段，但女人却无法抵挡鲜花的诱惑，也许是出于女人天生的浪漫主义情怀，玫瑰等代表爱情的花朵仍然是让女人卸下防备的有效武器。即使一个女人不愿意和对方相处，但她也抵挡不了对方的鲜花攻势，就算她最后把花扔掉，也会在扔之前惋惜一番。所以，不要相信女人所谓的“送鲜花不如送其他东西”的说辞。虽然她嘴上可能会责备你乱花钱，但却会小心翼翼地找个漂亮的花瓶把鲜花插起来，美滋滋的高兴许久。

花怎么送，如何送，才能令女性高兴呢？这里面大有学问，不同的花有不同的花语，在不同的场合送多少也有一定的讲究，并非随便送。可以每天送一束，持续一段时间一定会有效果，也可以选择特定的日子，如情人节送999朵玫瑰。另外，在花海的包围下求婚，成功率也会大大提高。

二、制造浪漫

浪漫没有固定的形式。比如，在她家楼下摆出“心形”蜡烛阵，或者带她去风景如画之地表白心意，抑或摘朵美丽的野花插在其发间等都是浪漫，只要用心总能营造浪漫的氛围。春有百花秋有月，夏有凉风冬有雪，在生活中制造浪漫氛围的方法有很多，可以在散步时把无人的街道幻想成美丽的海岸；也可以把眼花缭乱的霓虹灯想象成干净无瑕的星光；或者在机场等候她时，手捧鲜花和巧克力。出其不意地制造惊喜，就是一种浪漫，更是女人难以招架的奇招。

三、情话攻势

女人是感性的，喜欢听甜言蜜语。对大部分的女人而言，她们重视的是礼物背后的那份浓浓心意。不过，无论多少钱的礼物，都比不上在她耳边深情地说爱她永不变，对女人来说，金山银山也敌不过一句甜言蜜语。很多时候，默默地为她付出，却不及对她说一句“我爱你”。所以，不要吝啬你的情话。

四、体贴入微

时下最流行的不是“高富帅”，也不是“经济适用男”，而是“暖男”。因为“暖男”细致体贴，他们记得女人喜欢吃什么，不喜欢吃什么；记得女人喜欢什么颜色的衣服；知道女人什么时候心情不好，什么时候需要安慰；会体贴地在女人生病时给予细心呵护；还会在天气冷的时候，为女人围上围巾。“暖男”永远关注着女人的一举一动，喜怒哀乐，不动声色地为女人准备好一切，如此丝丝入扣的体贴攻势，哪个女人能抵挡？

五、坚持不懈，始终如一

许多男人为了俘获心仪女生的芳心，各种讨好技巧可谓无所不用其极，但唯独少了一份坚持，导致最后无法如愿抱得美人归；而有些相貌平平的男人凭借始终如一的坚持却最终赢得美人归。一个男人对一个女人的感情始终如一，必是这个男人爱极了这个女人，那这个女人又怎么会不接受这个男人呢？因此，男人不必妄自菲薄，“只要有恒心，铁杵磨成针”。

六、陪伴是最长情的告白

这世上最动人的不是“我爱你”，而是逆境中的不离不弃，就像婚礼誓词那样：从今以后，环境无论是好是坏，是富贵还是贫贱，是健康还是疾病，是成功还是失败，我要支持你、爱护你，与你同甘共苦，携手共建美好家庭，一直到我离世的那天。现代的女人有更多的主动选择权，会认真地甄别男人，判断这个男人是否愿意与其共度余生，一生的伴侣是女人对爱情的最高追求，是一份无论贫穷与富足都能相伴一生的信赖。

男女交往中的“三 S”效应

美妙的爱情是如何产生的？丘比特之箭何时射中了你？也许就在四目相对、眼神交汇的一瞬间，也许是在不经意间的擦肩而过时，也许是在短暂的碰触后心脏“怦怦”直跳的时候。爱情就是一个两性互相吸引的过程，也是男女双方交锋的过程。那么，如何在交锋中得偿所愿呢？两性吸引的“三 S”效应会给予你正确的指引，提高这段缘分的成功率。

“三 S”即微笑（smile）、眼神（sight）和接触(skinship)，这是男女交往的黄金“三 S”。微笑（smile）就是在初期向对方微笑致意、释放友善的信号，这也是一个表达好感的信息。微笑表达了你内心的愉悦和开心，可以令对方立刻知晓，对方的出现是受欢迎的，是你开心的源头，对方就会认为自己受到了重视，也会对你产生好感。眼神（sight）即用自己的眼神控制对方的情绪，“一见钟情”“眉目传情”“暗送秋波”等都体现出眼神的重要作用。最新的科学研究发现：男女对视达到 8 秒钟以上，那么彼此产生爱情的概率就会加倍。眼神的妙用是与微笑相得益彰的搭配，在吸引异性的过程中，一方面对着对方微笑，另一方面用眼神放电，深情款款地凝视对方，会令对方意识到自己成了“被爱者”。skinship 直译为肌肤接触，当用微笑和眼神都不足以表达对另一方的爱意时，偶然间或蓄意的触碰会加深两人的感情。在一方不拒绝的情况下，可以拉拉小手，勾勾香肩。身体是内心最诚实的外在体现，如果另一方抗拒你的碰触，那么说明其心底也在拒绝你。身体的碰触是加速感情升温的最有效手段，肢体上甚至肌肤与肌肤间的摩擦往往也传递出这样一个信号：你想通过肌肤的亲密接触与对方更进一步，成为共同体。“三 S”是一个相互递进的关系，一步步诱敌深入。那么，如何运用“三 S”效应来俘虏你的心仪对象呢？

一、释放你喜欢对方的信息

人们对情绪的敏感程度很高，当一个人对他人释放某种情绪时，他人往往也会回应此种情绪。令对方喜欢你的第一步就是释放你喜欢他（她）的信号。在这个阶段使用“两S”——微笑和眼神攻势。注视对方的眼睛是一种非常有效的情感表达手段。两个不熟悉的人相对而坐时，礼貌地注视对方的眼睛容易产生亲切感，如果对方有意，眼神上会给你回应；如果没有回应，那么信息传递失败。

美国加利福尼亚大学的研究者通过对300名男女进行跟踪记录发现：男女见面时，如果对眼前的异性有好感，会下意识地关注对方的眼睛，含情脉脉地微笑。两人如果有意识地对视，眼神中传达出“我想了解你”“你真好看”等信息时，这些信息会强化双方的好感，进而可能摩擦出爱情的火花。另一项研究指出：男女如果对视不足1秒钟，这说明相互没感觉；对视2秒钟表明有好感；对视3秒钟或许心生爱慕之情，但不会有进一步的发展；只有对视8秒以上，这对男女才可能有下一步的发展。深情凝视有时胜过千言万语。

二、越看越喜欢

心理学家做过这样一个实验：将数张异性的照片给被测试者看，照片中的异性吸引力差不多，但给被测试者看的次数不同。结果被测试者对看得最多次的异性显示出强烈的好感。也就是说，在爱情中，多看一眼，就多一分喜欢。“越看越喜欢”的心理原则说明：只要我们的眼神习惯了一个人，就会不知不觉地喜欢上对方。虽然人们未必会喜欢出现频率高的人，但一定不会喜欢只出现过一次的人。原因很简单，我们的生活有固定的内容，某一天某个人长期地出现在你的生活中，你就会慢慢地习惯，直到这个人成为你生活的一部分，爱情也因此而产生。心理学的交往频率原则——“交往越多越容易形成稳固的交往关系”也充分证明了这一点。所以如果你喜欢某人，想开始追求对方，那就应该频繁地见面，在他面前刷存在感和好感度。创造机会出现在对方附近，找机会要求对方帮忙，相信你知道怎么创造机会多接触对方，让对方慢慢习惯你的存在，产生爱情火花的概率就会大大提高。

三、让身体“诉说”你的想法

第一次约会时的印象55%取决于外表和肢体语言，38%取决于讲话的技巧，7%取决于说话的内容。因此，用好接触(skinship)很重要，要学会用“肢体语言”向对方传递更多的信息。模仿对方的小动作会产生镜面效应，有助于获得对方的亲切感。

一起观看悬疑、紧张的影片会使男女身体产生无意识的触碰，而身体无意识的触碰更容易产生爱慕之情。因为恐惧会增加肾上腺素分泌，而身体接触，尤其是皮肤接触，会使得肾上腺素分泌得更加旺盛，从而激发爱意。当然，双方的感情要有一定的基础，才可以在漫步时试探地去拉异性的手，若是对方不拒绝，那么你们则可以进入下一步的恋爱阶段。此时的身体接触是一种试探，也是一种信号，一种无声胜有声的攻势。

男女交往中的异性效应

人际关系中，男女间的交往有很多类型，包括谈恋爱式的交往、同事关系的交往、朋友关系的交往、蓝颜知己或红颜知己类的交往。异性间的接触会产生一种特殊的相互吸引力和激发力，并从中体验到难以言传的感情，获得不同程度的愉悦感，激发某些潜能。比如，许多人在异性面前有时会表现得十分勇敢、机智、能干，会愉快高效地完成在同性面前极不情愿完成的任务；而在工作中，男女搭配的组合也会使双方感到愉快，在异性面前工作也会更起劲、更出色。这种现象就是心理学上的“异性效应”。

历史上屡见不鲜的美人计也是“异性效应”的体现。“异性效应”对人的活动和学习通常起到了重要的影响，在异性面前，尤其是在心仪的异性面前，会特别重视个人的容貌和装束，会更强烈地维护自己的自尊心，在对方面前想努力地表现出自己最好的一面，这无形中促进了一个人的成长，有时候能使素昧平生的男女双方在事业和爱情上互相促进。

在日常生活中，如果能正确而恰当地运用“异性效应”，会收到良好的效果。马克思曾把妇女比作“酵素”，指出没有妇女的“酵素”就不能有伟大的变革。这也是“异性效应”的一种体现。在请求帮助和商洽事情时，女性天性中的柔弱会在“异性效应”中更占优势，能合理地驾驭“异性效应”，往往会取得满意的效果。

在男性占较大优势的社会，由女性出面办事和男性打交道可能会较为顺利，这便是运用“异性效应”产生的积极结果。人们一般对异性比较感兴趣，特别是外表出众、言谈举止得体的异性。心理学家经研究还发现：一个只有男性或女性的工作环境里，尽管条件优越，自动化程度很高，但不论男女，都容易疲劳，工作效率远比两性合作低下。

异性间的交往，容易产生情感的接近和心理上的依恋，会使人产生对美的选择和追求，从人体美转向气质美。经研究发现：在单一性别组成的集体里，同性经常会因一些小事而发生摩擦，引发冲突；但是两性数量均衡的集体里，则不易引发冲突。那么，在生活中如何利用好“异性效应”呢？

一、取长补短

男性往往性格开朗，不拘泥于细枝末节，不计较点滴得失，果断机智。女性则往往感情细腻丰富、举止文雅，性格文静怯懦、优柔寡断。男性有很强的争斗意识，女性则相对平和许多。因此，男女可以很好地进行性格上的互补。

二、催人上进

恋爱中的男女都希望自己在对方的心里是完美的形象，都希望能引起对方更大的关注、赞许和青睐。因此，双方会更注意自己的谈吐与形象，男性往往会要求自己谈吐文明礼貌，举止潇洒，形象整洁大方，并具有豁达的胸怀和男子汉气质；而女性往往会要求自己行为举止优雅大方，表现出温柔贤淑的一面。“异性效应”会成为激励和鞭策自己变得更好的动力和“促进剂”，如果你发现你身边的人突然变得上进，或平日不注重仪表的人突然注重打扮了，那么一定是他的心中有了爱慕之人。

三、增进感情

在恋爱中感情进展不顺利时，用其他异性来刺激你的交往对象，让对方有危机感、吃醋，这是使感情升华的催化剂，也是“异性效应”的另一种运用形式。但是要慎用，有时候可能会弄巧成拙，导致两人分道扬镳！在男女交往过程中，男女双方的眼里容不得沙子，如果运用“异性效应”来催化，或许成佛，或许万劫不复。

心理测试：你会爱上哪种人

爱情！爱情！你真麻烦，扑朔又迷离。你是否还在等待你的那个他（她）？你的真命天子（天女）会是什么样子呢？赶紧来看看，你会爱上哪一种人。

1. 小时候，你幻想你是什么人？

A. 一位貌美如花的公主　　B. 富可敌国的富豪

C. 万能的上帝　　D. 丛林的仙女

2. 你最害怕的东西是什么？

A. 蛇　　B. 没有星光的夜晚

C. 鬼屋　　D. 蟾蜍

3. 你认为什么最重要？

A. 亲情　　B. 友情

C. 爱情　　D. 权力

4. 如果可以选择，你希望你住在哪里？

A. 荒无人烟的丛林中　　　B. 繁华热闹的市中心

C. 悠闲宁静的乡村小镇　　D. 四季如春的世外桃源

5. 突然下雨的时候，你最希望面前出现什么？

A. 凉亭　　　B. 便利商店

C. 咖啡屋　　D. 民宅

选择 A 较多：你是一个喜欢幻想的人，对另一半要求较高。或许是受影视剧的影响，你认为你的另一半应该出身不凡，鹤立鸡群，是一个佼佼者和成功者。所以，你总是挑剔出现在你身边的人，认为他们不够优秀，但某一天遇到你认为优秀的人时，由于你的挑剔习惯，你们也可能有缘无分。建议你放低择偶标准，珍惜眼前人。

选择 B 较多：你是一个务实的人，你不是很看重另一半的相貌，但也要求对方的相貌是中上之姿。你喜欢比你年轻的异性，你希望对方是一个积极乐观的人，你会要求对方性格活泼大方、富有朝气，或许你的另一半做事冲动，但是你愿意为他收拾烂摊子。

选择 C 较多：你是骨子里追求浪漫的人，你的天性中喜欢浪漫，你喜欢的另一半也必定是一个懂浪漫、会浪漫的人，他（她）一定与你的性格很相似。他（她）或许不是很优秀，但一定很细心、很贴心，很会照顾人、关心人，会在你们的生活中制造小小的惊喜和奇遇。

选择 D 较多：你是一个简单朴实的人，你不喜欢华而不实的人。你欣赏踏实能干的潜力股，你对另一半的要求不高，只希望对方靠谱，能认认真真地过日子，好好经营爱情和婚姻即可。

第五章

读懂亲人，赢得温馨家庭

婚姻不是爱情的坟墓

作家钱钟书说过："婚姻像一座围城，城外的人想进来，城里的人想出去。"婚姻不只是两情相悦时的花前月下，也不只是甜言蜜语时的海誓山盟，婚姻更多的是责任、义务、承担。很多人抱怨恋爱中的浪漫激情很快被婚后现实生活的平淡、无聊、乏味消耗殆尽，从婚前一掷千金博得美人一笑，到婚后为柴米油盐酱醋茶而节衣缩食；从婚前浪漫的烛光晚餐到婚后为"今天谁洗碗"而斤斤计较。许多人发出无奈的感叹："婚姻就是爱情的坟墓。"

一位著名的心理学家对一对新婚夫妻说："现在你们身边熟悉的这一个人，不久之后将会是另外一个人。"也从侧面反映出了人在婚前婚后的不同心理状态。恋爱时，双方认为对彼此的了解很透彻，可婚后居然会发现这种认知是错的。为什么呢？首先，心理状态发生了变化。恋爱时彼此都是感性的，是一种幻想的、不理性的生活状态；一旦结婚，男女双方就从感性过渡到理性，从幻想过渡到现实，开始了单调的日常生活，只剩下不断重复的柴米油盐。其次，易发生审美疲劳。所谓情人眼里出西施，恋爱时两情相悦，百看不厌；婚后由于感情已确定，没有了期待感，加上天天见面，新鲜感逐渐消失，剩下的只有索然无味，不复人生若只如初见的美好。很多人说："距离产生美，太近了反而没有美感可言。"

某一日，柏拉图问苏格拉底："什么是爱情？"苏格拉底没有直接给他答案，而是要他去麦田走一趟，途中不可回头，并摘一棵麦田里最大、最好的麦穗，但只能摘一次。柏拉图感觉很容易，便去了麦田，过了很久他才两手空空地回到老师面前。苏格拉底问他为什么没有摘到，柏拉图沮丧地说："途中看到了一棵很好的麦穗，但不确定前边是否有更好的，因为只能摘一次，所以没有摘，想再看看有没有更好的，一直走一直期待前方，结果走出麦田时却发现手上一棵麦穗也没有。"苏格拉底听后，笑着说道："这就是爱情。"

柏拉图又问道："什么是婚姻？"苏格拉底以同样的要求让他去杉树林里砍一棵最大的树。柏拉图有了上次的教训，决定这次不能空手而归。半天后，柏拉图拖着一棵树回来了，苏格拉底问："这就是最大的树吗？"柏拉图回答说："因为只能砍一棵，我好不容才发现这棵不错的树，而且我也走累了，为了避免像上次一样空手而归，便不管是不是最大的树，就把这棵树带了回来。"苏格拉底笑道："这就是婚姻。"

再美好的爱情如果没有婚姻的保护，也会逐渐枯萎。没有步入婚姻殿堂的爱情只是美好的回忆，婚姻是爱情得以延续的最有力的保障。婚姻不是爱情的坟墓，而是温暖爱情之花的温床。我们无法否认婚姻中存在种种问题，但可以通过用心经营好自己的爱情来使婚姻和谐美满。那么，应该如何经营婚姻中的爱情呢?

一、经常给爱情保鲜

爱情之火如果不经常添加木炭也会熄灭，一句生日祝福，一顿意外的烛光晚餐，一次精心安排的旅行，甚至一次故意制造的小麻烦，都会使婚姻中的爱情升温。爱情让人们步入婚姻的殿堂，婚姻给予爱情生长的环境。再稳固的爱情也需要维系，只有不断地为爱情之火添柴加炭才能确保家庭的温馨与和谐，也能使伴侣感觉到你“待他（她）如以往”的初心。在平淡的生活中偶然制造惊喜，为爱情保鲜回炉，可以使爱情之火长明。

二、给彼此一些空间和自由

爱不是占有，天天黏在一起反而会使双方都厌烦，爱的秘诀就是保持刚刚好的距离。婚姻虽然是两人的共同生活，但还是要给彼此留点私人空间，婚姻中的每个人仍然是独立的，过分地要求、干涉对方的生活会使对方感觉没了自由，从而导致频繁发生摩擦，最后使双方都感觉疲倦，甚至想要放弃婚姻。

三、相互信任

维持婚姻最基本的是彼此信任。人不是物品，更不是笼中之鸟，看不住，守不住。疑神疑鬼反而弄巧成拙，让对方拼命想逃离。而婚姻中的很多问题都是源于彼此的不信任，所以，信任是两个人在一起的底线，连信任都没有的婚姻，又怎能“执子之手，与子偕老”呢？

四、完成角色转换

从恋爱到婚姻，是人生不断走向成熟的心路历程，也是角色的巨大转换，从被别人照顾到照顾别人，心理落差必定是有的，及时作好心理调整和角色转换，便能体会到婚姻给予男女双方的充实感、安全感、满足感、舒适感。

为什么夫妻俩老吵架

曾经在恋爱时甜甜蜜蜜的恋人在走进婚姻殿堂后经常会磕磕绊绊，吵架也是常有的事情；曾经爱得死去活来的情侣，最终成为恶语相向的怨侣；曾经海誓山盟的恋人，最终成为老死不相往来的陌路人。2019 年中国民政部公布数据：2018 年依法办理离婚手续的夫妻共有 446.1 万对，比上年增长 2.0%，据此可以粗略计算，平均每天有 1.2 万对夫妻办理离婚登记手续。导致离婚的原因不一，但大多是在吵闹中消磨殆尽了所有的感情。

夫妻间为何老吵架呢？心理学有一个著名的“婚姻 90/10”原则：比如，你为某件事跟对方吵架，你认为这件事或对方引起了你的坏情绪，但实际上 90% 的原因却是以前的经历引起了你的情绪反应，并不是你认为的这 10%，这就无限扩大了这次吵架的内容，触发的负面情绪也远大于实际该为这件事负责的10%。除此以外，过度的自尊心作怪也是导致夫妻双方频繁吵架的重要心理原因。当你所谓的“自尊心”受到来自对方的“威胁”时，你会出于“自卫”心理为自己挣回面子而口不择言，步步升级，火药味越来越浓。另一个重要原因是误解。比如，某一天，丈夫问你今天穿的是新衣服吗？或许是出于关心，或许只想夸赞一下，而你却误解为：我花点钱你就心疼了，是吗？丈夫一气之下，拂手而去。所以，“喜欢”吵架的夫妻常常是主观臆断的“高手”和“能手”。他们从对方话语中获取的信息往往走了样，甚至无中生有。

夫妻间小吵怡情，大吵却伤情，长此以往则会引发婚姻危机。那么，夫妻间如何才能避免不必要的争吵呢？夫妻间如何才能将吵架的伤害降到最低呢？

两性生理结构的不同导致思维上存在一定的差异。男性的心理趋于理性，男性应当明确知晓妻子的心理状态和情绪变化的信号：她需要被关爱和注意。争吵时再多的言语解释也比不过一个深情的拥抱。男性应以温柔和亲近来化解妻子侵略性的话语；用绅士风度给予妻子关爱，满足她被关注的渴望。如果夫妻双方了解了对方内心的真正心理诉求，又怎么会争吵呢？

相比于男性，女性的思维更加感性细腻。女性的温柔细腻永远是最大的武器，可以化解男性的愤怒等负面情绪。虽然女性的思维有些曲折，但是贴心、暖心就会让一切问题变得简单，多一些宽容和理解就能有效避免琐碎小事引发的“战争”。多揣度丈夫的心理需求，忙碌归来的他更需要你的关心和理解，这时帮他打理好琐碎小事，坐下来贴心地交流，同他分享快乐，会使夫妻关系更加和谐。

一、生活中互相多一些关心

你了解你的妻子或丈夫喜欢什么衣服，喜欢什么花，喜欢吃什么吗？多留心一下对方日常的喜好，从细节上关心对方，爱护对方，让爱渗透在生活的一点一滴中。

二、学会倾诉和倾听

将生活中的快乐、悲伤、成功、喜悦，统统与对方分享，学会告诉对方自己的心情和想法，也要学会静静地倾听。如果在对方讲话时频频打断对方，会令对方丧失说话的兴致，也很容易激起对方的怒气，甚至引发争吵。因此，一方在讲话时，另一方最好安静地听完对方讲的话，然后再根据自己的理解进行交流。

三、默契必不可少

“身无彩凤双飞翼，心有灵犀一点通。”维系夫妻感情最有效的方式是默契，一个眼神，一个微笑，一个表情，无须过多言语已了然于心。怎么培养夫妻间的默契呢？参照前两条，多用心交流，越了解一个人，就越容易与他有默契。

四、吵架不要翻旧账

不要一直翻对方的旧账，这会激起对方更为极端的情绪。争吵时应该说：“那好，我们以后如果遇到这样的问题，该怎么办呢？”这样的一句话可以帮夫妻把争论的重心从情绪发泄转移到问题的解决上，就事论事，尽量心平气和地陈述各自的观点。

五、温和以对，有商有量

夫妻间若想避免吵架，就应遇事有商有量。如果双方都不让步，会使问题无法解决，更会升级成争吵。因此，夫妻间遇事应尽量保持冷静，和气地商量，共同找出解决问题的方法，即使意见不统一，也应求同存异，达成共识。

不同类型的夫妻如何相处

不同的家庭有不同的相处模式，不同的夫妻有不同的相处之道。夫妻间如何相处决定了婚姻的走向，若相敬如宾则缺少默契，若不分彼此则恩爱有加，若恶语相加则感情破裂，若漠不关心则离心离德……那么夫妻间相处有固定的模式吗？当然没有，人是独立的个体，只能根据个人习惯及感情亲疏程度的不同采取不同的相处模式，方能把婚姻经营得美满。下面简单介绍几种夫妻相处类型。

第一种是恋人型。这种类型的夫妻十分恩爱，彼此深爱，情深似海，经过岁月的洗礼，双方会更加珍惜这份来之不易的感情，而且时刻关注和关心对方，把对方看作自己的一切。但越是深爱着对方就越怕失去对方，有时占有欲会特别强烈，不给对方一点自由的空间，可能会因为爱得太满而让爱窒息。

第二种是平顺型。此种类型的夫妻通常依靠事业、家族、生活背景等其他因素维系，平平淡淡，不吵不闹，感情平顺。双方个性成熟稳重，能为对方考量，是“成熟”的爱情。这种类型的夫妻更像是搭伙过日子，如果没有大的变数则会十分安稳地度过一生，但是将来或许会后悔生活中没有惊喜和波澜。

第三种是灵魂型。这种类型的夫妻是时下最理想的夫妻组合，多是文化水平相当，人生观、世界观、价值观类似的伴侣。因个性和想法类似，所以双方更能互相体谅，互相勉励。这样的夫妻更像朋友，更像亲人。他们懂得疼爱对方，懂得携手并肩，可以彼此倾诉，相互珍惜并且相互尊重。

第四种是怨偶型。这种类型的夫妻在结婚时的目的就不单纯，在婚后的生活中由于得不到预期的满足而互相抱怨，互相指责，甚至互相怨恨。或是抱着一定的功利目的，或者就是为了彼此折磨。这样的夫妻关系虽也能维持，但日日活在痛苦中，丝毫体会不到婚姻所带来的幸福。

婚姻在于经营，感情在于维系。夫妻间精神交流十分重要，如果双方在交流时语气温和，并面带笑容，那感情又怎会不和睦呢？现在从心理学角度分享几条夫妻相处的黄金原则。

一、心理上互敬互爱

尊重对方的工作、劳动、兴趣爱好，尊重对方的人格。尽量多交谈，交谈是增进感情最有效的手段之一。因为男女双方都需要心理上的抚慰，不要忽视对方的心理需求。

二、互相体谅

夫妻的目标是共同努力营造一个温馨的安乐窝。因此，更应该互相理解、互相体谅，如果遇到问题，双方不妨开诚布公地说出来，共同寻找解决之道。妻子要理解丈夫拖着疲惫的身躯回家时的辛苦和压力，丈夫也要考虑到妻子为家庭奉献的辛苦，互相多体谅、多包容才是夫妻相处之道。

三、经常回忆热恋

热恋是婚姻的前导，热恋中的男女那种两情依依、片刻难离的情景实在是非常美妙。结婚以后，经常回忆婚前的热恋情景，能唤起夫妻的感情共鸣，并在回忆中增加浪漫情感，更加向往未来，从而增进夫妻间的感情。

四、安排惊喜

出乎意料地使对方惊喜，常会起到感情“兴奋剂”的作用。比如，将对方在远方的亲人接来会晤，或为对方买一样对方很想得到却不舍得买的物品，这些行为都会令对方惊喜。而在对方沉浸在惊喜中时，也会越发珍惜彼此来之不易的情感，使婚姻越发美满幸福。

五、重温蜜月时光

结婚度蜜月时是夫妻俩感情最浓的时期。那时，两个人抛开一切纷扰，完全进入二人世界，享受“伊甸园”之乐。婚后，如果能利用节假日，每年都安排“蜜月”旅行，使双方重温昔日的美梦，定能不断掀起爱河波澜，使夫妻感情越来越浓。

六、共同庆祝各种纪念日

所有有意义的日子都需要铭记。结婚纪念日、对方生日、定情纪念日等，对夫妻双方来说都是有纪念意义的日子。届时，采取适当的形式予以纪念，使双方都感到对方对自己怀有很深的爱意，这对于巩固夫妻感情作用甚大。

七、学会取悦爱人

有些男女，婚前与对方约会时，总会顾及对方的感受，并想方设法取悦对方；但结婚后便不太在意对方的感受了。这种改变会严重破坏夫妻的感情。所以，婚后双方还是要一如既往地呵护关心对方。夫妻间更应同心同德，互相体谅对方，互相包容对方，才能让爱情的花朵常开不败。

消除与父母之间的代沟

作家鲁迅曾说："孩子的世界，与成人截然不同，一味蛮管，就大碍孩子的发展。"这就使孩子与父母之间产生了代沟。人们常说：三岁一小沟，五岁一大沟。代沟是因年龄和时代差异产生的，其实就是引发两代人之间冲突的心理的距离。年龄不等的人，生活圈子不同，接触的事物、人物各异，思想方法和行为也有差别，这就是心理学上的"世代隔阂"。而这种心理距离常常引发两代人间的心理冲突，冲突得不到有效的平衡和调节，差异会越来越大，两代人之间便会形成一堵无形的墙。所以，现在的孩子大多叛逆、独立、有自我的想法，家庭中的代沟现象越发明显。为什么会产生代沟呢？主要有以下几个原因。

一、身体生理结构的突变诱发心理的巨大冲击

孩子最叛逆的时期是在十几岁时的青春期。这一时期，随着生理的变化，青少年的心理也发生着微妙的变化，生理上的突变使得他们惶惶不安，有些担心、害怕、悸动。这时期的孩子敏感脆弱，他们不同于孩提时代对父母的依赖，他们认为自己长大了，不再愿意受到约束，并产生强烈的独立意识，对生活中的一切都有了自己的认识和看法，童年的观念开始颠覆，对事业、友谊、爱情和人生价值开始重新选择和追求。此时，他们会发表自己的见解并渴望得到父母的尊重，如果父母依然以管教小孩的方式来说教，就算是正确的意见他们也听不进去，因为他们期望和父母站在平等的地位上对话，压迫式、服从式的管教会让他们心生厌烦从而进行言语对抗。

二、父母缺位，未能做好思想交流和心理疏导

现代社会中，父母为了给孩子提供最好的物质条件，把大量时间投入工作中，这也缩短了父母陪伴孩子的时间。父母总是从物质上给予孩子最好的，但是在感情上却是空白的，忽视了孩子在成长各个阶段的心理需求。一旦孩子某一阶段的心理需求得不到满足，便会导致孩子认为父母不关心自己，而家长又没能及时和孩子沟通，了解孩子的内心世界，这样难免会产生代沟。

三、家庭的教育方法与态度不当

有些家庭的“家长主义”盛行，家长在家里有绝对的权威，他们认为孩子是自己养大的，他们比孩子拥有更多的生活经验与

阅历，所以孩子要绝对地服从。他们对孩子的生活学习全权包管，要求很严格，从不征求孩子内心的愿望，忽视孩子渴望平等对话的需求。

四、时代变化的冲击和外部环境的熏陶

不同年代的人有不同的时代烙印，有人说："60后"是朴实的一代、"70后"是奋斗的一代、"80后"是踏实的一代、"90后"是创新的一代、"00后"是逆天的一代。出生在每个时代的人都有着这个时代的深刻记忆，受着时代固有条件和外部环境的熏陶教育，导致各个年代的人"三观"不同、思想不同、理念不同。因此，隔代人有代沟是不可避免的。怎样才能缩短两代人的心理距离，让家庭和睦呢？

一、态度温和，不偏激

进入青春期的孩子对父母的崇拜、依恋逐渐减弱，更多地寻求同龄人的友谊，在家的时间减少，出现了"离巢"现象。孩子的骤然长大也使父母心里一下子空落落的，孩子们至少要给父母一些心理上的安慰。父母对孩子们的要求其实不算太高，只要态度温和地与孩子交流，孩子接受建议的可能性就大大提高。两代人的成长背景决定了代沟不可能缩小为零，但可以降低代沟的负面影响。

二、放手和独立

孩子慢慢长大，父母要学会一点点地放手。父母能陪伴孩子的只是一段路，剩下很长的路需要孩子一个人走下去。父母要学会适时地放手，给孩子一定的自由，让孩子在摸索中成长，在成长中总结教训。孩子也要学会独立，慢慢地学会一个人应该承担的责任和义务。在彼此的成全与放手中代沟自然会慢慢弱化。

三、正确地沟通与交流

保持独立性不等于忽略彼此的交流与沟通。父母要多与孩子谈心并善于谈心，善于沟通正是一个人成熟、独立的表现。长辈从青涩的年龄走过来，看问题成熟，有很多宝贵的经验。不妨坐下来，跟父亲谈谈你的理想，跟母亲谈谈你遇到的烦恼，相信你会从交谈中得到很多有益的启示。你也可以在交流沟通中劝说父母接受新鲜事物，彼此磨合。

知道孩子在想什么吗

多数孩子都是在父母身边长大的，父母与孩子朝夕相处，因此父母无疑是孩子最亲近的人。但父母真的了解孩子内心真实的想法吗？大多数的父母很难走进孩子的内心世界，能真正了解孩子的父母着实不多。有的父母自认为让孩子衣食无忧，就是最好的照顾，但他们不知道孩子喜欢吃什么菜、喜欢什么小动物、喜欢玩什么游戏，哪里受过伤。有的父母错过了孩子成长的太多过程，忽略了孩子内心真正的需求，这是现代快节奏、高压力城市生活下的通病。通常情况下，父亲这个角色是家里的顶梁柱，大多数都因工作忙而没有时间，而且父亲这个角色也不善于和孩子平等坦诚地交流；母亲这个角色虽然和孩子待在一起的时间略长些，但也局限于衣食起居上的照料。有的父母对孩子的管教方式大多是：叮嘱教育多，倾听分享少。有的父母简单粗暴地为孩子们的未来作好规划，也为孩子作好选择，从不问孩子的意愿，认为孩子只要听话、努力就可以了，认为父母的责任就是尽一切可能为孩子创造最好的物质条件。按照所谓最完美的路线教育出来的孩子，却出现了种种让人无法预料的情况：拿到了美国顶尖大学的博士学位却找不到满意的工作、考上了高等学府却选择跳楼自杀……父母没有真正走进孩子的内心，没有真正明白他们在想什么，也不知道他们到底想要什么。

不了解孩子的需求，不仅会令父母和孩子产生矛盾，也会给孩子的发展和成长埋下祸根。那么，父母应该怎样走进孩子的内心、如何准确了解孩子的想法和心态呢？交流沟通的方法与技巧非常重要。

一、将心比心地平等交流

要知道孩子内心的真实想法，父母首先要告诉孩子自己的想法。孩子并不是不愿意表达自己的想法，只是顾虑父母会不会接受，害怕得不到父母的认可，从而产生了抵触情绪以及封闭内心的现象。也正基于此，父母才会感觉和孩子之间产生了交流上的隔阂。倘若父母能坦率地向孩子讲出自己内心的想法，那么孩子也会对你“知无不言，言无不尽”。

二、平等相处

真正的朋友是无年龄、无性别、无职位、无地位之分的，一个人会把内心深处的想法向信任的朋友倾诉，所以父母要了解孩子必须把孩子视为平等的朋友。那该怎么与孩子交朋友呢？最重要的是要认可孩子，而不是用成人的眼光去批判。比如，有时候可以向孩子请教某些问题，让孩子有受重视的感觉。

三、尊重孩子的意愿

父母要尊重孩子的意愿，给孩子选择的自由。年轻最大的好处就是可以犯错，因为有大把的时间可以弥补。适当放手，就算是错误的选择，只要孩子坚持，也要支持孩子，让孩子明白父母是真的支持他们。只有父母尊重孩子的意愿，孩子才会不压抑自己真实的想法，才愿意和父母分享他的忧愁。

四、充分的个人空间

父母过多地干涉会让孩子有一种被监督控制的感觉，孩子们希望父母在生活和成长的道路上充当顾问或支持者的角色，而不是类似上司的角色。过度地限制极易造成孩子的逆反心理和不满情绪，他们会躲避父母，并与父母产生隔阂。只有给孩子充分的个人空间，孩子才会在放松的心情下向父母袒露心扉，展现其内心的真实想法。

五、多倾听、多鼓励

父母在与孩子沟通的过程中，总习惯自己说孩子听，心理上反感孩子的倾诉。但这样的交流设置了与孩子沟通的障碍，如果父母要了解孩子的想法与感受，就要善于倾听，鼓励孩子将自己的想法坚定大胆地说出来。即使真的是错误的想法，也要让孩子进行自我观点的表述，父母在耐心听完孩子的表述后，先鼓励其想法的创新性，再根据具体问题进行说服教育，要让孩子有安全感，明白遇到任何烦恼时，都可以向父母倾诉。

教育不同类型的孩子

孩子是夫妻爱的结晶、血脉的延续，孩子从蹒跚学步、咿呀学语到长大成人，其成长过程是赋予家庭快乐的过程。家有小苗不愁长，但要想这棵小苗茁壮健康地成长，家长的教育、修剪、管理、约束必不可少。由于每个孩子的天性不一样，所以家长要先了解自己孩子的特点，才能因材施教。孩子都有哪些类型呢？

一、外向型

这类孩子天性活泼好动，不腼腆、不认生，喜欢和其他孩子玩耍，并喜欢充当“领头羊”的角色。他们喜欢边想边说或先做后想，他们的接受能力比较强，当他们的认知、信息量和语言丰富到一定程度时，便会语出惊人。对这类孩子要合理引导，如果一味地限制他的行动、语言和想象，硬是要他想好再说，想好再做，会阻碍孩子的成长。应根据孩子的特质，顺应孩子的天性来教育。家长要以朋友的方式来平等相处，与孩子沟通时一定要以理服人，尽量以征求的语气对孩子提出要求，尊重他们的自我认知。

二、内向型

这类孩子性格内向，安静，听话乖巧，与其他孩子在一起时很少说话。他们喜欢先想再做，行动上慢慢悠悠，丝毫不着急，因为他们更加喜欢思考，不轻易相信别人，也不轻易表达自己的情绪，通常喜欢独自玩耍。与同龄外向型孩子相比，这类孩子接受能力弱一些，家长需要带领孩子多接触新奇事物，多陪孩子看书，多给孩子讲故事，以此来增加孩子的知识积累。不要强迫孩子快速成长，如果揠苗助长，孩子的成长反而会受到制约。

三、感觉型

这类孩子心思细腻，性格安静。他们喜欢自己动手去了解事物，他们会好奇钟表为什么“嘀嗒嘀嗒”地走，他们或许会拆坏很多东西。对这类孩子要有足够的耐心，当孩子试着自己动手时，不要呵斥或批评他，因为那是他认识事物的方式，要容忍和鼓励，适当地引导，以免打消孩子的积极性。

四、直觉型

这类孩子富有想象力，喜欢新奇的事物，喜欢学习新的知识，对任何新事物都有兴趣，但热情维持不了多久。这类孩子天性活泼，爱说话，甚至夸夸其谈，他们爱讲虚拟的故事，夸大一些很小的事情。爱说大话的孩子多属于这个类型。他们的故事中大部分信息都不真实，但是他们渴望被关注、被肯定的内心是真实的。他们的性格有些固执、任性，但只要认真和他们讲道理，他们还是会接受的。家长教育的关键是帮孩子确立目标，并把时间限制明确在目标里，孩子就会自觉完成，并希望得到肯定。

五、情感型

这类孩子比较和善，心思缜密，关心他人，心地善良，渴望被理解，如果能给他们足够的理解，他们就会成长为情商很高的人。家长的态度直接影响着这类孩子的成长，家长应多询问、关心孩子内心的感受，并多与孩子交流，与孩子交流时应用商量式的口吻，因为孩子需要理解而不是责备。

六、模仿型

这类孩子是好奇宝宝，只要他感觉好玩或感兴趣的事物，不论好坏，一律都会模仿，这类孩子模仿能力很强。家长要及早告诉孩子什么是正确的、该学的，什么是错误的、不该学的，及早帮孩子分辨是非。父母一定要以身作则，不要在孩子面前有不良的表现，孩子表现好时多鼓励夸奖，使他加深印象，从而形成良好的习惯。对这类孩子的教育，树立榜样很关键。

在孩子的教育中，年轻父母绝对不能照搬书本上的教条，孩子的特性是随着成长不断变化的，性格、认知等会随着外部环境和自我认识的提高而改变，当一种教育方法无效时，应立即调整新的方法与策略。教育孩子时应注意以下几点。

一、倾听与理解

倾听孩子说话，才能理解孩子的感受，也是建立父母与孩子良好沟通关系的重要一步，而理解孩子的感受是奠定与孩子良好沟通的基础。

二、正确处理孩子的情绪困扰

当孩子犯错时，让孩子说出自己的感受并分享自己的情绪，此时家长用语言复述孩子的感受，可以取得孩子的认同并使他产生信任，然后询问孩子事情的来龙去脉。家长和孩子一起商量对策，疏导情绪。这是一个锻炼孩子表达能力的过程。多关注孩子的感受，而不是对错。

三、给孩子自己选择的机会

教育孩子时，用命令或权威式的口气，容易使孩子产生反抗的情绪。有关孩子的事，父母不要单方面地替孩子作决定，可以与孩子一起讨论每一种选择的优缺点，最后让孩子自己选择。如此，会使孩子具备多方位思考的能力，能以开阔的眼光看待人、事、物。

四、教会孩子微笑

每天花至少半个小时和孩子交流，用耐心、爱心、开心来教育孩子。孩子遇到挫折时，父母要给予鼓励，而不是嘲讽。不要总对孩子一本正经，要多和孩子一起欢笑，因为笑声能让孩子更加热爱生活；引导孩子积极、轻松、愉快地看待事物，教会孩子积极乐观，微笑面对生活的一切，微笑面对人生。

和孩子一起成长

孩子在成长过程中逐渐有了自己的思想，自己的志向，自己的人生观、世界观、价值观，更有自己的一套处世哲学。家长能陪伴孩子的时间只是短短的一程，而在孩子成长的不同时期，父母也扮演着不同的角色。那么，如何正确地陪伴孩子成长呢？

一、爱与规矩并重

孩子从呱呱坠地，到咿呀学语、蹒跚学步，到上幼儿园之前，全部都是在家里接受父母潜移默化的教育，而家庭的第一“首因效应”在孩子的启蒙成长中至关重要。孩子像是一棵小树苗，需要家长这个园艺家用爱心浇灌、呵护，有计划地去修剪枯枝败叶，矫正歪斜的树体，这样才能使小树苗挺拔成长。家庭教育的第一原则是给予孩子足够的关爱，然后是矫正孩子错误的言行举止，告诉孩子如何判断对错，也俗称为“给孩子立规矩”，做到爱与规矩并重。如果真心爱孩子，为孩子的成长着想，一定要为孩子“立规矩”，引导孩子形成独立思想，使孩子在将来可以独当一面，成为笔直的参天大树。

二、树立正确的榜样，潜移默化地培养

家庭教育是一个漫长的过程，也是一个潜移默化、一点一滴渗透的过程。家长要本着为孩子负责的态度，对人柔和，对事严格，让孩子明白：虽然父母是爱你的，但你还是得守规矩。而在家庭教育中更应着重进行对孩子的生活能力和行为习惯的培养。孩子的天性是学习与模仿。父母是孩子的第一任老师，孩子的性格与行为举止深受父母的影响，父母也是孩子最好的老师，父母的言行举止都在影响着孩子的成长。如果父母对自己的双亲孝敬有加，孩子就会觉得家中充满了爱，也会以父母为榜样。如果父母之间互相谦让、相互谅解，那么孩子也会学习父母谦逊礼让的品德。在父慈子孝、兄友弟恭的家庭环境中成长的孩子，必然为人善良，满怀感恩之心，会成为一个积极乐观的孩子。

三、给孩子自由的成长空间

孩子会慢慢地成长为一个独立的个体，所以给孩子一些私人空间，给孩子选择的机会和权利，让孩子自由选择自己的伙伴、朋友，让孩子经常有机会和他的同伴在一起，鼓励孩子与各种年龄的人自由交往，给孩子留出“玩”的时间和空间。给孩子自由的同时还要教导他们“自己的事情自己做”，可以让孩子做一些力所能及的家务，让孩子意识到自己是家庭成员中的一分子。认真对待孩子提出的问题和看法，并与孩子探讨。没有得到孩子的许可，不要看孩子的日记与信件。

四、一起学习，共同成长

把孩子当成自己的朋友，和他平等相处，多与孩子沟通，了解孩子的想法，培养孩子的独立性，鼓励孩子尽量不要依赖他人。可以教孩子骑自行车、游泳，陪他一起学习，与孩子同行。

五、适时地赞赏

懂得赏识孩子，及时发现孩子的点滴进步，并通过赞赏让孩子有被重视、被肯定之感。要学会真诚地赞美孩子，肯定他一点一滴的进步与成就。多鼓励，多赞赏，可以激发孩子的创造性和主动性，还可与孩子一起分享成长中进步的快乐！

六、表达爱意

要多关注孩子的情感需要。比如，每天早上与孩子相互问候，让他感受到被关心的温暖。记得经常亲吻或拥抱孩子，并时常对孩子说：“我爱你，你是我的宝贝！”爱就要大声地说出来，这样孩子也会愿意表达自己的爱意和心意。

七、耐心交流

孩子遭遇挫折时需要倾诉，家长要耐心地倾听孩子的烦恼并给予安慰。父母心中的压力与困难也可以向孩子诉说，让孩子感受到平等交流的尊重感。交流互动过程中难免产生摩擦与误解，父母犯错时，应该主动向孩子道歉，得到孩子的帮助时也应对孩子说“谢谢”。这种平等的交流可以为家庭中的亲子互动营造良好的氛围。

心理测试：你对婚姻伴侣的要求是什么

爱情是浪漫的，但婚姻是现实的，结婚的对象一定要是最适合自己的。你对婚姻伴侣的要求是什么呢？

你的新家刚装修好，客厅比较大，你还想在客厅摆放什么呢？

A. 几盆美丽的花　　B. 小沙发　　C. 刺绣屏风

D. 大鱼缸　　E. 冰箱

选择 A：你看重对方的修养。你希望对方是一个文雅、有理智、有礼貌的人，你会将性格爱好作为选择的第一标准。

选择 B：你看重对方的职业。你喜欢工作稳定、做事有条不紊的人。你希望对方把任何事情都安排得妥妥当当，你不想为任何事情操心。

选择 C：你看重对方的外貌。你喜欢帅哥美女，所以你是一个典型的“以貌取人”的人，但是如果对方空有美貌，其他方面不符合你的要求，你还是会和对方说“再见”。

选择 D：你看重对方的经济实力。这并不是说你有多爱慕虚荣，爱情虽美，没有面包照样不行，所以你喜欢能给你带来一定经济保障的人，无论他是什么职业，有积蓄就好。

选择 E：你看重对方的内涵。你是一个追求精神高度契合的人，你要找的是一个灵魂伴侣，希望对方能理解你、支持你、尊重你，希望彼此能相敬如宾地过一辈子。

第六章

重视朋友，赢得完美友情

偶尔欠人情可拉近距离

“欠什么也不要欠人情”“能不欠别人人情就别欠，欠了肯定是还不清的”，这是我们日常生活中经常听到的人际交往原则。因为人情债往往是在熟悉的人之间发生的，若欠了人情债，欠的往往是亲情、朋友情、同学情、同事情等。因为“同声相呼、同气相应”让我们在不同的场合下产生了不同的感情，这样的感情往往在经过岁月的洗礼后历久弥新，它给了我们困难时的帮助、郁闷时的倾听、孤苦时的慰藉……是来之不易的宝贵财富，我们应倍加珍惜。

人情债往往不是那么容易界定的。不同的人对人情的衡量是不同的，人情在不同时间、地点下的价值也是不同的。在创业时，别人借给你的钱是可以还清的，但在当时看不到你创业前景的情况下毅然决然地支持你，这样的情是没法界定的。

但欠人情是不是雷池禁地，不可触碰呢？当然不是，人际交往的经验告诉我们，偶尔欠人情债可以拉近彼此的心理距离。

之所以欠了人情还能拉近彼此之间的距离，主要有三个方面的原因：一是欠人情加深了彼此的了解；二是人情交际的双方都有良好的目的和愿望；三是双方形成人情互动的良性循环，即欠人情—报答人情的良性循环。

要学会巧妙运用欠人情的方法，需要注重以下几个方面。

一是要有度地把握，中国是一个人情社会，礼尚往来是社交的基本原则。《红楼梦》就是以其“世事洞明、人情练达”被文学界推崇备至。我们的日常生活中处处都是人情编织的“网”。在这样一张人情“网”里，若是经常欠人情，人情交往有来无往，久而久之，周围的朋友、同事就会认为你“不懂事”“没人情味儿”，从而渐渐疏远你，慢慢地你就会成为“孤家寡人”，你的社会关系网就会变得残破不堪。所以，人情可以欠，但不能四处欠人情、频繁欠人情。

二是要把握好什么样的人情是可以欠的。欠人情要分人分事。试想，如果一个人帮助了别人，就想着对方应该怎样补偿他，尤其是别人在得到他的帮助后成功了，他就要求对方加倍地偿还，说诸如“要不是当初我帮了你，你会有今天吗？”“真是过河拆桥”等言语，这样的人情债不仅还不起，还会背负着忘恩负义的道德“紧箍咒”。另外，有些事情也无法欠人情，如令对方为难，或损害对方利益的人情不可欠。

三是欠人情要能形成良性的互动。只有互动的人情往来，才能拉近彼此的关系，而欠人情最重要的前提就是互动。偶尔欠人情时，要和对方形成良性的互动，不要欠了人情就“躲得远远的”，要及时通过其他方式回馈对方，不要让对方觉得你在躲着他，否则再好的关系也会出现嫌隙。

保持适度距离才能更进一步

有人说“距离产生美”，也有人说“距离产生了，美却没了”。这两种说法都没有错，因为距离能不能产生美，是由距离的度来决定的，适度的距离才能产生美，太远或太近的距离都会让美感消失。

适度的距离产生美，源于生物学上一个有趣的实验。在寒冷的冬天，两只刺猬为了取暖，彼此渐渐靠近，可是当它们靠得很近时，就会被对方身上的刺刺痛，因为疼痛，两只刺猬不得不分开一段距离。但是刺猬耐不住寒冷，本能驱使它们再次靠近，可最终又会被对方身上的刺刺痛。如此反复，最终两只刺猬终于找到了合适的距离，既能感受到对方的温度，又不会被对方刺伤。心理学家根据刺猬的生物学现象，概括出了人际交往的“刺猬定律”。我们要学会运用“刺猬定律”，在人际交往中保持适度的距离。距离既不能太近，也不能太远。太近则关系太过亲密，对方的缺点会在无意间被放大，势必出现摩擦与厌烦情绪；太远则会显得生疏，不利于人际交往。

我们在人际交往中要把握彼此距离的度。把握适度的交往距离就要在和朋友交往的过程中把握好时间上的适度、空间上的适度和心理上的适度。

把握好时间上的适度距离，就是要把握好和朋友交往的时间长短与频率。小张是A省人，大学也是在A省念的，毕业后去了北京工作，他的同学小李毕业后在A省省会城市B市工作。小张因为业务或回家探亲，经常路过B市，所以他常常去小李家，一年算下来平均一个月去一次，而且有一次小张在小李家住了半个月有余。小张频繁地住在小李家，这让小李的妻子非常不满，小李的妻子对小李说："你这朋友总来咱家住，害得咱们老家来了亲戚都没地方住，还得花钱住宾馆。"小李也很为难，便跟小张说了自己的难处，小张却认为小李要赶他走，还说小李过河拆桥，忘了上大学时自己是怎么帮他的。在现实生活中，像小张这样的人不多，但这个故事却很形象地说明了没有把握好朋友之间交往持续的时间和频率所造成的消极后果。

把握好空间上的适度距离，就是要把握好在和朋友交往时远和近的关系，古诗句——"草色遥看近却无"和"不识庐山真面目，只缘身在此山中"很好地诠释了适度空间距离产生的美感。

把握好心理上的适度距离，就是要把握好在和朋友交往时心理上的安全和舒适距离。无论是排斥感还是陌生感，都是由于朋友之间的心理距离过近或过远所造成的。我们可以借鉴刺猬取暖时的办法，在和朋友交往的过程中，寻找一种适度的距离，既保障心理上的安全，又不影响友谊的升温。

让对方多占点“便宜”

让对方多占点“便宜”，是指在与人交往时不必斤斤计较得失，尤其是朋友之间相处更应该遵循“吃亏是福”的处世原则。然而，“吃亏是福”的道理却是知易行难。人们已经习惯了从自身利益出发考虑问题的思维模式，不愿践行“吃亏是福”的道理，就算践行了也会抱着愤愤不平的心态，无法上升到一种处世原则或者人生信念。

其实，别人占了你的“便宜”，别人会记得的，他会默默地用另外一种方式来回报你。现实生活中却有不少人不认同这样的观点，总认为吃亏了怎么可能是福呢？非但如此，还要想方设法地去占别人的“便宜”。有人在佛罗伦萨旅行时，因为被游人踩到了脚，觉得吃了亏，和外国人打“国际架”；有人在感情方面认为，只有对方付出后自己才付出，对方付出多少，自己就回报多少。

我们要在和朋友的交往中秉持着“吃亏是福”的原则，让对方多占点“便宜”。在人际交往中，当两个人为某件事而争吵时，即使你是正确的，也要学会退让，让对方占点“便宜”，朋友会感激你给的台阶；在和朋友吃饭时多主动付钱，朋友会认可你的大度，然后在其他方面给予回报。虽然我们的付出并不一定要求回报，但对方若回报我们也不拒绝。

有人问李泽楷，你父亲教你成功赚钱的秘诀了吗？李泽楷说，他父亲并没有教他赚钱的方法，只教了他一些为人处世的道理。李嘉诚后来也重述了他当时对李泽楷讲的原话："如果你和别人合作，假如你拿七分（利润）合理，八分也可以，那我们李家只拿六分就可以了。"也就是说李嘉诚让别人多赚两分，所以人人都知道与李嘉诚合作会占"便宜"。李嘉诚与很多人合作过，合作时他宁愿自己多吃点亏，也要让对方多占点"便宜"。因此，越来越多的人愿意和他合作。李嘉诚讲的虽然是商道，本质上也是人与人之间的相处之道，更是朋友之间的相处之道。要想交到更多的朋友，就要学会让对方多占点"便宜"，你的大度会使你的人气攀升。

是不是朋友之间相处，就要一味地让对方多占"便宜"呢？当然不是。对那些贪得无厌或处心积虑地想占你"便宜"的人，就要学会说"不"；当朋友把你的大度当成一种理所当然的时候，你就要学会适度的"自私"。当对方心安理得地占你的"便宜"时，就要收起你的大度，不然你不但交不了这个朋友，还会为自己培养一个敌人，总有一天，他们会因为你无法满足他们占"便宜"的心理而对你心生怨恨。

处处给别人留面子

俗话说"打人不打脸，骂人不揭短"，说的正是中国人的面子文化。中国人都有爱面子的心理，无论做什么事，都会考虑到面子的问题，把面子的问题上升到尊严的高度，认为别人给自己面子，自己就是被人看得起，受人尊重。因此，我们在人际交往的过程中，要处处给别人留面子。给别人留面子，是尊重他人的一种方式，也是收获好人缘的一种途径。在生活中，每个人都会遇到一些尴尬的局面，这时候如果有一个人能出来帮你解围，打圆场，那么就是给你留了台阶，保住了你的面子和尊严，你也会对这个人非常感激。

尊重是相互的，你给了别人面子，别人也会给你面子。在和朋友的相处过程中，很多事情的对与错没有必要太过计较，如果你太执着于对与错，就算你赢得了辩论，也会输掉友谊。伤害了朋友的面子和自尊，朋友很可能会与你反目成仇。给别人留个台阶，不伤别人的面子，他就会觉得他欠你一个人情。正如人们常说：面子换面子，有面子好办事。处处给别人留面子，不仅是心理学技巧，更是一种修养和境界。

有一次，卓别林要扮演一位古代的徒步旅行者。正当他做好准备要上场时，他的弟子看到他的鞋带松了，便好心地提醒他说："老师，你的鞋带松了。"卓别林低头看了一眼，笑着回了一声："谢谢你呀。"然后立刻蹲下，系紧了鞋带。可是，当弟子转身走后，卓别林又迅速地蹲下把鞋带再次松开。正巧有一位记者看到了这一幕，记者非常纳闷地问卓别林："您为什么又把鞋带松开了呢？"原来，故意把鞋带松开，更能表现出这个角色的疲惫感。记者又问："那您刚才为什么不直说呢？"卓别林答道："他能细心地发现我的鞋带松了，并且热心地告诉我，我一定要保护他的这种积极性，及时地给他鼓励，至于为什么不直接告诉他，我想将来在私下里会有很多机会告诉他的。”从这个故事，我们能感受到卓别林对表演的认真态度，更能感受到他高超的人际相处艺术。

给别人留面子，也有很多技巧，需要留意以下几个方面。

第一，在和朋友的交往中不要得理不饶人，在一些非原则性问题上，要留下足够的弹性空间。清朝康熙年间，文华殿大学士张英和武英殿大学士张廷玉均是安徽桐城人，两家比邻而居。有一年，张英的家人和邻居因建房占地的问题起了争执，双方互不相让。张英的家人便给在京城当大官的张英写信讲了此事，张英看过信后，并没有倚仗自己的官威欺压邻居，而是回信说：“千里来书只为墙，让他三尺又何妨？万里长城今犹在，不见当年秦始皇。”随后张英的家人便主动让出了三尺空地，张英家人的谦让使邻居深受感动，邻居也将墙退回三尺，两家和好如初，这就形成了桐城著名的“六尺巷”。张家人的大度和气量从此传为美谈。我们在和朋友的交往中也要有“让他三尺又何妨”的精神。

第二，对方犯错时，委婉地指出对方的错误。著名诗人柳亚子因一手好字而受到人们的赞赏，其书法流畅奔放，但很潦草，甚至很多字都让人认不出写的是什么。书画家辛壶在一次谈话中想指正柳亚子的这个缺点，但为了照顾朋友的面子，他委婉地说柳亚子先生的字是“意到笔不到”，说得很含蓄、风趣，柳亚子一听就明白了他话中的含义，因此，柳亚子极为佩服辛壶的说话艺术。委婉含蓄的语言可以在不伤对方面子的情况下，给对方台阶下。

第三，要学会拒绝。有时候人会遇到一些强人所难的请求，这些请求，有的根本不合理，有的则超出了你的能力范围。面对这类请求如何拒绝才能不伤及对方的面子呢？首先，不要在别人刚开口时就拒绝，更不能心存轻视；其次，应尽可能地诉说自己的难处，态度和蔼地表明自己的立场，告诉对方自己是真的有心无力。这样既拒绝了朋友不合理的请求，又不会使对方难堪。

善于赞赏，取悦人心

美国心理学家杰斯莱尔说："赞扬就像温暖人们心灵的阳光，人们的成长离不开它。但是绝大多数人都太轻易地对别人吹去寒风似的批评意见，而不情愿给同伴一点阳光般温暖的赞扬。"在生活中，能够恰如其分地表扬别人，充分地肯定对方的优点和所取得的成绩，就能为自己赢得友谊。同时，表扬又是一门艺术，并不是每个人都擅长赞美他人。如果赞美不能说到别人的心坎上，则平淡乏味，得不到积极的反馈，也无法激起被赞美者的喜悦之情，一番好意也会付诸东流。如何能使赞美之词取悦人心呢？

一、赞美之词必须是发自内心的

英国专门研究社会关系的卡斯利博士说："大多数人选择朋友都是以对方是否出于真诚而决定的。"如果你与人交往不是真心诚意，那么要与他人建立良好的人际关系是不可能的。赞美他人也是如此，如果你的赞美并不是出于真心，那么对方就不会接受这种赞美，甚至会怀疑你的意图。如果你毫无根据地赞美一个人，他会感到费解，还会有莫名其妙之感，觉得你虚伪做作，甚至可能引起他对你的防范。所以在赞美他人时，为避免引起类似的误会，你必须确认你所赞美的“确有其事”，并且要有充分的理由去赞美。

二、赞美必须有针对性，具体而微

赞美的内容如果太抽象，缺乏针对性，就会流于形式，成为陈词滥调。被赞美的人也不会放在心上。因此，赞美他人必须有针对性，应当有明确的事实依据和内容。你对被赞美的人越了解，赞美之词就越具体，你对他的优点的认同，就越显得真诚和中肯。要找准赞美的切入点，就需要耐心细致地观察和敏锐地分析。要善于从具体的事件着手，把握对方所取得的点滴成绩，发掘对方身上以往被人们所忽略的特性，发现对方自己都没有清醒地认识到的优点、潜质。这样的赞美才会给对方以惊喜，从而赢得对方的好感，拉近彼此的心理距离。发现一个人身上被别人忽略、甚至连他自己都没有注意到的优点，则属于拓展自我。这样的赞美才令人由衷地高兴，效果最明显。

三、“雪中送炭”的赞美更可贵

对于那些一贯表现优异，经常得到大家赞美和肯定的人，一句赞美的话固然会让对方感到满足，但所起的作用也许并不如期望的那么大。相反，对于那些表现平平，甚至是其才能由于种种原因被埋没的人，由于难得听到一句赞美的话，他人的一句赞美，甚至是一个满意的微笑、一个鼓励的眼神和动作，所取得的效果往往都是出人意料的。或许，从此他就鼓起干劲儿，力争上游，走出人生和事业的低谷。就像英国前首相丘吉尔所说：“你想要别人具备怎样的优点，你就怎样去赞美他！”

四、在第一时间给予肯定和赞美

发现别人的优点后及时给予肯定，别人取得成绩后在第一时间给予表扬，如此才能使赞美达到最佳效果。由于其成就迅速地被他人发现，当事人会感觉到其所做的工作得到了重视，从而备受鼓舞。相反，赞美如果姗姗来迟，由于事过境迁，所起的作用也就不会那么明显了。

五、间接赞美效果更微妙

如果在他人面前赞美某个人，再由他人转述后传到被赞美者耳中，会带来意外的惊喜。间接的赞美没有客套之嫌，显得更加真诚和客观，更容易拉近彼此的心理距离。

美国心理学家威廉·詹姆斯说：“人类本性最深的企图之一是期望被赞美、钦佩、尊重。”如果你想拥有更多的朋友，那就真诚、恰如其分地去赞美别人吧!

说出去的话，泼出去的水

“说出去的话，泼出去的水”，这句谚语告诫我们，要慎重地说话，说出去的话就要算数，不然就是不讲信用，人无信则不立。

孔子曰："人而无信，不知其可也。"姜子牙曾因不满商纣王的腐朽统治，弃官隐居在陕西渭水河边。他虽隐居，但仍心忧天下。后来他看到周族姬昌重民为民之举，认为姬昌是贤明之君，决定出山辅助姬昌。为得到姬昌的重用，他经常在小河边钓鱼以等待姬昌，他钓鱼时用不挂鱼饵的直钩，因此无法贴补家用。姜子牙的妻子马氏嫌他穷，不愿再和他共同生活，离他而去。后来，姜子牙获得周文王的信任和重用，并帮助周武王灭掉商朝，建立西周。马氏见姜子牙要权有权、要钱有钱，非常后悔当初的决定，便找到姜子牙，请求与他恢复夫妻关系。姜子牙看透了马氏的为人，不愿复合，便把一壶水倒在地上，叫马氏把水收起来。马氏赶紧趴在地上去"收"水，但只能收到一些泥浆。姜子牙对她说："你已离我而去，就不能再在一块。就好比倒在地上的水，难以再收回！"

这就是"覆水难收"的典故。说出去的话，如同泼出去的水，是难以收回的。朋友之间说话也是如此。所以我们在和朋友交往的过程中，要注意以下几个方面。

一、慎重承诺，尽力兑现

承诺对于每个人而言，都能轻易地说出口。只要说出口的承诺，就要尽全力兑现。没实现的承诺就是谎言，承诺和谎言只有一步之遥。不要用承诺来达到其他目的。有个朋友和同事争出差的机会，那个同事本来刚好要到出差的城市办一点自己的事情，朋友竟然说他可以帮那个同事办理，其实，朋友根本不认识相关的人，也根本不会为对方去办，只是为了抢到那个出差的机会，他就这样随口承诺了别人。这样的承诺不可取。

在朋友的眼中，一旦你做出承诺，并且兑现了承诺，你就是个有责任感的人，是个讲信用的人；你做出了承诺，但没有兑现，又没有让人可以理解的原因，朋友就会对你的“信用”产生怀疑。所以在日常生活中，说请别人吃的饭，一定要请；说给别人帮的忙，一定要帮到；说哪里有好玩的，要带着朋友去玩，就一定要去。

二、玩笑莫过头

人们在一起聊天时，经常会说一些客套话。比如，饭局中你对某人说，下次见面一定请你吃饭，后来没几天真的遇见了这个人，那么到底请不请这个人吃饭呢？人们往往会因为自己的客套或玩笑话，使自己陷入尴尬的境地。你觉得当时只是开玩笑或者客套，可别人却会当真。

三、及时采取补救措施

说出去的话，正如泼出去的水，是很难收回的，但并不意味着没有挽回或补救的措施。当我们说了过头的话，要及时给对方道歉，说出客观原因，请求对方谅解，并对后果进行补救。比如，你承诺了年终评优后要请大家去青岛吃海鲜，但由于客观条件不允许，你可以就地请大家吃大餐，并真诚道歉，相信他人也是可以理解你的。但要清楚的是，补救措施不是为了悔诺而存在的，也不是什么事都可以补救的。

见面长不如常见面

人们在人际交往中，有一个常见的误区：大多数人认为见面时间长，就能尽快与他人熟络起来。实际上，与其想尽办法拉长和陌生人的见面时间，还不如增加两人见面的频率，即所谓的见面长不如常见面。其实这暗合了心理学的“多看效应”。“多看效应”告诉我们，人们对越熟悉的东西就越喜欢。人际交往也是如此，人们对朋友的信任及喜爱程度也取决于彼此间的熟悉程度。

生活中我们经常会遇到这样的情况，你刚见到一个人的时候，觉得这个人的长相、行为不符合你的审美或价值观，总觉得别扭，而且你越看越别扭。可是两天不见，再见到他时就会觉得他没有上次那么别扭了，而且随着交往次数的增加，你越来越觉得他身上其实还有许多可爱之处。这就是“多看效应”在日常生活中的体现。我们在人际交往中要和朋友经常见面，善用“多看效应”，经常与朋友接触，但见面时间不宜过长。

不可否认，长时间的见面交谈能增进彼此的了解，加深彼此的感情。但这样的交谈不宜过多，而且在双方都有意愿的情况下方可进行，正所谓过犹不及，不然只会变成一方迁就另一方。事实上，人与人之间未经过长时间的接触，一般不会进行深入的交流，更不会达成某种深度的认同。但频繁的长时间接触，反而会耗费彼此的激情，无益于朋友的深交。因为与朋友见面的时间过长，很可能打乱朋友原有的计划安排，另外，长时间的见面也考验着朋友之间的舒适度。刚见到朋友时，重逢的喜悦让朋友间的舒适度达到高峰，但随着见面时间的延长，这种舒适度就会慢慢降低，会导致彼此生理上的审美疲劳，也有可能使彼此产生心理倦怠。事实上，朋友间见面时间过长，会产生被对方侵犯私人空间的感觉，会造成压迫感，而这种压迫感一旦出现，心理舒适度便会降低。这种不舒适感、侵犯感会放大对方的缺点，弱化对方的优点。

朋友间经常见面有许多好处。

一、可提高彼此间的熟悉度

因为和朋友经常见面，你知道他最近在忙什么，生活上有什么变化，目前的心态如何，工作上有没有不顺心的事……而朋友也知道你最近发生的事情、目前的状态、将来的打算等，基于对彼此生活、工作的了解，你们就会互相融入对方的生活，产生不同程度的“同呼吸、共命运”的契合，有了困难互相帮助，有了欢乐共同分享……这样的熟悉度是朋友之情牢不可破的基石。

二、向朋友传达一种“我想见到你”的心情

多和朋友见面，有时候是向朋友传达这样一种心情——“我想你了”。这种心情的传达有时候胜过其他任何形式的交际技巧，而且有时候朋友知道你为了见到他，和他聊聊天、爬爬山、逛逛街，还要请假，出远门，会将你铭记在心。

那么，如何常见面方显自然呢？

一、要善于制造机会

善于制造和朋友常见面的机会，对于在同一个城市的朋友，有空就约他爬山、骑车、吃饭、K 歌……见面的次数多了，才能“日久生情”。远距离的朋友，要经常打个电话，增进彼此的了解，只有在彼此了解对方生活近况的前提下，才能为对方的生活、工作出谋划策。也可以在合适的时机和朋友见个面，结伴出去旅个游，增加见面的机会，相信通过你不断的努力，会使彼此的友谊更加牢固。

二、要有“度”的把握

这里的“度”有两层含义：一是把握每次交往时间的长短。见面长不如常见面，所以我们要和朋友经常见面，但每次接触的时间不宜过长，否则会给彼此造成很大的压力，也失去了朋友相处的舒适度。二是常见面也是有“度”的。我们提倡朋友间要常见面，但如果太“常”的见面同样会带来不必要的麻烦。

提建议要讲究方法

俗话说“良药苦口利于病，忠言逆耳利于行”，这句话本是作为自我道德修养的准则，然而我们却时常把这句话应用在朋友的身上，以至于在给对方提意见时不太顾及对方的心理接受程度。其实“良药不必苦口，忠言不必逆耳”，提建议时讲究一些策略，想一想同样的话语内容，怎么说出来才能让对方更容易接受。

刘备在位时，有一年蜀国大旱，为了让老百姓节约粮食以度饥年，就下令严禁私自用粮食酿酒，并且以国家法令的形式规定：凡酿酒者处以刑罚。如果在老百姓家中搜出酿酒的器具，就要对老百姓罚款并判刑。一天，刘备和简雍一起出游，看见路上有一对男女走过，简雍就对刘备说："他们想行苟且之事，为什么不把他们抓起来？"刘备感到莫名其妙，就问："你怎么知道？"简雍回答："他们都有行苟且之事的器具，与在百姓家中搜得的酿酒器具一样。"刘备听完放声大笑，听出简雍的弦外之音，回去后立即释放了因私藏酿酒器具而被关押的百姓。

简雍给刘备提建议时就考虑到了时间地点——在出游时，而且很委婉，用类比的方法，把老百姓家中有酒具就是酿酒者类比为男女行走就是行苟且之事，让刘备认识到其颁布的以酿酒器具治罪的法令多么不合理，最终使刘备改变了想法。

当你意识到指出朋友的不当会引发不好的结果时，就要讲究一些策略，如何才能既指出朋友的错误，又不让对方反感，使对方能够接受你的意见呢？

提意见时要友善，不可居高临下。人们在指正他人错误时，往往有居高临下的心态，这种态度是要不得的，因为人们可以接受指点，但接受不了"指指点点"。当你给对方提建议时，一定要给对方传递友善的信息，而不是显示自己有多聪明。在提意见时要保持微笑，微笑能让人感到安心和放松，最好是责人先责己。比如，提意见时你可以说自己也曾有类似的经历，也曾犯过同样的错误，让对方与你产生共鸣，这样对方才能更好地接受你的建议。因为此时对方会想：原来犯过这种错误的不止他一个人。同时，你的肢体语言也应该表现得让对方安心，不要表现得颐指气使，不要觉得你指出了朋友的缺点，就可以居高临下。

提意见时要善于换位思考。给朋友提意见时，要善于站在对方的立场上，多考虑对方的感受，以对方喜欢的方式表达自己的建议，同时要让对方相信你理解并尊重他的想法和立场。换位思考将有助于建立起你们之间交流的纽带，因为你理解他，认同他，在此基础上他才会对你的建议有高度的认同感。

提意见时要幽默委婉。朋友星期一上班又迟到了，结果又被负责人点名批评了，你作为朋友会给他怎样的建议呢？你可以问："洋洋，星期天晚上有空吗？"对方会说："当然有。"这时你可以说："那就应该早点睡觉，省得你每个星期一早上都迟到！"这是善意的提醒，又以幽默委婉的方式表达了出来，这种提醒既不会伤朋友之间的和气，又能让朋友理解你的良苦用心。

提意见时要善于运用欲"贬"先"褒"的技巧。耐心聆听朋友的观点意见，从中发现合理的部分，先肯定朋友的见解，及时给予赞扬或表示同意。比如，可以用商量的口吻说："你的想法真不错，可有一点我不太明白，如果事情往某方面发展应该如何处理呢？"以引导的方式提意见效果会更好。还可以说："刚才你说得很好，也启发了我的一些想法，我说出来你看看哪点说得不对，也帮我参谋参谋。"这样欲"贬"先"褒"的劝解技巧，更容易使对方接受。

避免发生正面冲突

我们中国人的处世哲学历来讲求个“和”字，强调以和为贵、家和万事兴，避免与人起冲突的处世思维。朋友关系是基于彼此的认同而建立起来的，有时候性格差异很大的人成为朋友也是因为彼此在价值观上的契合，所以我们在和朋友的交往中，要尽量求同存异，不要跟别人发生冲突，尤其是正面冲突。

正面冲突是不能真正解决问题的。在冲突中，双方往往会丧失冷静和理性，这个时候想劝服对方，显然是不明智的。佛祖释迦牟尼说：“恨不消恨，端赖爱止。”争辩不可能消除误会。美国政治家林肯更直言不讳地对他的军官说：“任何决心有所成就的人，绝不会在私人争执上耗费时间，争执的后果不是他所能承担得起的。”

正面冲突很容易引发误会，甚至结下仇恨。在争论中常常不冷静也不理智，言语过激，行动不受自己控制，结果就是得罪了朋友并让朋友怀恨在心。当你力量较小时不要发生正面冲突，这是自我保护的明智选择，也是保护友情的重要方式。当你力量弱小时和朋友发生正面冲突，是以卵击石，结果不但你赢不了，还会得罪朋友，所以大可不必去和对方争论、冲突。相反，你不和朋友发生冲突，给朋友台阶下，既赢得了朋友的感激之情，又增进了彼此的友情。当你力量较大时也不要发生正面冲突，即使你赢得了道理，也输掉了友谊。所以，无论强弱对错，发生正面冲突的结果都不是好的结果。

“石油大王”洛克菲勒曾有个避免发生冲突的故事。一位不速之客突然闯入洛克菲勒的办公室，并以拳头猛击他的办公桌咆哮道：“洛克菲勒，我恨你！我有绝对的理由恨你！”这个不速之客谩骂洛克菲勒长达10分钟之久。办公室里的其他人都以为洛克菲勒会忍无可忍并拿起墨水瓶向他扔去，或是叫保安将他赶出去。出乎意料的是，洛克菲勒并没有这么做，他停下手中的工作，用和善的神情注视着这位不速之客。那个人越暴躁，他就显得越和善。那闹事之徒被弄得莫名其妙，随着洛克菲勒的沉默，他也渐渐地平息了怒火。本来这位不速之客来此之前已经做好了与洛克菲勒争论的准备，并想好了应对洛克菲勒的言语。但洛克菲勒却始终不开口，反而使他不知该如何继续，最后他只能默默地退了出去。

忍一时风平浪静，退一步海阔天空。在和朋友发生冲突或即将发生冲突时，很多人不善于控制自己的情绪，觉得对方小看了自己，逞一时之强，或与朋友争论不休，或与朋友拳脚相向，到最后伤人又伤己。事实证明，很多人都为当时的不理智而懊悔不已。所以我们为了避免追悔莫及，在这种情况下更要保持冷静，即使自己是对的，也要学会忍让，控制好自己的情绪，避免发生冲突或使冲突升级。如果不想忍让，应该先让对方宣泄完情绪，再据理力争。在面对朋友不可阻挡的情绪宣泄时，你不妨耐心等待，让朋友先说完，先满足朋友的表达欲望，之后，总结、肯定朋友的观点，并以委婉又不卑不亢的态度表达自己的观点。

避免发生正面冲突，要善用幽默的言语。在有些情况下，用幽默的话语给予侧面回应，也能有效化解窘迫的境况。比如，在拥挤的公交车上，一阵急刹车后，突然一位女士尖叫一声，随后对着身边一男子大吼："你瞎啊！"原来这位女士的脚被这名男子踩了一下，这名男子微笑着抱歉说："真对不起，全怪我长得太胖，这不都看不着自己的脚在哪儿了。"其他人一听都报以会心一笑，这位女士一听也乐了，一场冲突转眼间消弭于无形。

心理测试：你是个受欢迎的人吗

想知道在朋友的心中你是个受欢迎的人吗，赶快做做下面的测试吧。"肯定的答案"记为1分，"否定的答案"记为－1分，"偶尔或不确定的答案"记为0分。

1. 你是否觉得朋友之间也要有秘密？

2. 你在朋友家的时间不会超过一个星期？

3. 你是否经常被朋友占"便宜"？

4. 朋友说你很幽默？

5. 和朋友的交往中你善于控制自己的情绪吗？

6. 你答应朋友的事能做到吗？

7. 你会给朋友圆场吗？

8. 和朋友聊天时你能认真聆听吗？

9. 你和朋友经常在网上视频聊天吗？

10. 你和朋友争论后朋友向你道歉，你会和他和好如初吗?

11. 你能妥善拒绝朋友不合理的要求吗?

12. 你是否经常给朋友许诺，事后又觉得自己太冲动?

13. 你是不是爱向别人“诉苦”?

14. 有时你会与朋友谈论一些自己不感兴趣的话题，是否因为这些话题能引起他们的兴趣?

15. 在和朋友的谈话中，你是否发现朋友的观点也是有道理的?

16. 欠了朋友的人情时，你心里是否会想，记得以后要还他?

17. 当你和朋友为了某个问题争论得面红耳赤，事后你是否觉得不该和他发生争执?

18. 你是否能控制自己随意表达意见的坏毛病?

19. 你是否经常发现朋友的短处，要求他们改进?

20. 你讲的故事是否简洁生动，朋友喜欢听吗?

21. 你能控制自己不当面批评朋友吗?

22. 在路上，别人向你打招呼，你会停下脚步回答他吗?

23. 虽然你没错，但给对方添了麻烦，你是否会觉得愧疚?

24. 对于朋友取得的成就，你会真心祝福吗?

25. 你喜欢跟人聊天吗?

结果分析:

15 ~ 25 分: 说明你是个很受欢迎的人，在朋友的眼中，你善解人意，能很好地把握与朋友交往的距离，朋友很喜欢和你在一起，你与朋友之间相处融洽，继续保持，再接再厉吧。

10 ～ 15 分：说明你还要加强修炼，试试本书给你的建议吧。

10 分以下：说明你当前人际关系处理得很“任性”，以自我为中心的意识很强，不太会顾及朋友的感受，导致原本很要好的朋友也会产生隔阂，时常感觉到朋友不理解你，你也有与朋友相处时的孤独和焦虑感。你需要在人际关系处理上付出更大的努力。

第七章

读懂职场心理，轻松升职加薪

与常见的三种类型的上司相处

在职场中，重要的关系大致有三种，第一种是与上司的关系，第二种是与同事的关系，第三种是与客户的关系。对你职业生涯最重要的莫过于你的上司了，他是你职业生涯的决定者，处理不好与他的关系，等于砸了自己的饭碗。抽样调查显示：被解雇的职员中，因人际关系不好而被解雇的人数比能力不够而被解雇的人数高出两倍。这里的人际关系又多指与上司之间的关系。如果你遇到了一个宽厚、大度，而且任人唯贤的上司，这是你的幸运。但很多时候，你的上司总会或多或少有一些缺点或毛病，你需要掌握上司的个性、习惯、爱好以及其待人处事的方法，努力获取上司的支持，向你的“伯乐”展示你的才能，获得上司认可。那么我们需要对症下药，了解上司的类型，常见的主要有以下三种。

一、权威型上司

这类上司具有绝对的领导权威，有很强的控制欲，他给你的命令你只需要照做执行就好，不需要讨论，更不能反驳。他态度强硬，要求下属绝对服从，对琐事不感兴趣。但这类上司护短，绝不容许其他人欺负自己的下属。

应对之法：首先要认可上司的领导地位，尊重他们的权威，认真对待他们的命令，不敷衍了事，有令必行。并且做事干脆利索，不拖泥带水，不拐弯抹角。对于上司的决定不质疑、不反驳，即使你认为这个决定是错误的，也绝不反驳。少说无关紧要的话，高效完成上司交办的事情，也要适时称赞他们的成就。

禁区：千万不要当众反驳上司的决定，或者阳奉阴违。不尊重上司，不执行指令，是对他的权威的极大挑衅。

二、互动型上司

这类上司一般和善可亲，待人随和，没有很大的领导架子，工作中喜欢与下属互动交流，作决策后愿意听取下属的意见和建议。这类上司只做重要的事情，其余的小事情会适当地放权，给下属一定的权力空间，且万事有商量。这类上司一般工作能力较强，喜欢给下属机会，也愿意培养下属，他们只求事情有更好的解决方式，工作可以做得更加完美，比起过程更加重视工作结果。

应对之法：在这类上司的领导下，往往身心愉悦，工作也做得比较开心。在工作中互动的交往机会较多，可以更多地展示自己的才华和能力，这是一个良好的上升平台。但是在与上司的互动中，不可恃宠而骄，当面反驳上司，当与上司就工作问题交流时，切记分清场合，提建议时要委婉，注意用自己的肢体语言表示对上司的尊敬，真心地赞美他们。

禁忌：千万不要因为上司性格随和，脾气好，就越权决断，即使领导不会表现出来不满的情绪，但领导的权威在任何时候都是不能逾越的。在这类上司领导下，员工易犯的一个错误就是越俎代庖，员工觉得上司天天笑眯眯的，一定不会介意，但是这种自以为是的一再挑战底线的行为会断送员工的职场前途。

三、事无巨细型上司

这类上司喜欢大包大揽，大事小事都操心，把权力牢牢地握在自己手里，这类上司不会放权，与下属难以进行有效的沟通，任何事情的决断都掌握在自己手里，眉毛胡子一把抓。他们有工作能力，不放心下属做事，把有成就感、有挑战性的工作留给自己独立去完成，把无聊的琐事交给下属去做。他们做事讲究逻辑而不喜欢感情用事，为人处世自有一套标准，凡事理性思考而缺乏想象力。

应对之法：面对这类上司最重要的是不要削弱他的成就感，一定要手勤脚勤，主动自觉地做一些琐碎的事情。当他教给你一些为人处世的方法或是向你讲述他的一些人生经验时，你一定要对他的“点拨”表现出感激之情。汇报工作时可以省掉客套话的时间，直接谈论他们感兴趣的东西，对重要的细节要详细阐述。关键是要多汇报，大事小事都要汇报，这样才能满足上司掌控全盘的心理。

禁忌：千万不要自以为事情不重要，就漏报、瞒报，疏忽不报会让上司认为你失职、粗心，甚至不胜任工作。

不管是面对哪种类型的上司，你都必须做到以下几点。

一、善于观察上司的言行，多做事，少说话

要想获得上司的认同，必须学会察言观色，只要细心观察上司的行为习惯，就可以观察出他对人对事的态度。了解了上司的做事风格后，就要调整自己的思路和节奏，以配合上司的工作风格。

二、多请示汇报

做事情最好多请示、多汇报，最好能写个短小而又精练的书面报告，也可以用口头汇报等方式。

三、灵活应变，有的放矢

凡事都按照上司的指示去做，未必符合要求。在做事情前要多考虑，多观察，准确地判断出上司的意图，根据具体情况灵活应对。

四、不要得罪上司

千万不要得罪你的上司，因为上司无论从经验上，还是从人际关系上都比你强，作为下属一定要虚心。

五、清晰定位，当好助手

要处理好具体工作，扮演好上司的参谋与助手角色。下属应做到：不以事杂而乱为，头脑必须清晰；不以事急而盲为，做事不可越级。千万不能把上司当成知心朋友。请记住在工作中你需要的是一个上司，而不是一个知己。

巧妙汇报工作，上司更信任你

上司是企业利益的直接受益者，但当面临危机时，上司也是最大的损失者。因此，任何一位优秀的管理者在用人方面都有两个不可或缺的标准：一是能力，二是信任。一名员工能力的大小决定了上司对他授权的大小，而上司对于员工的信任程度则决定了授权时间的长短。职场中往往会出现这样的误区：很多年轻人没有意识到自己手中的权力是从上司那里借来的，随时可能会被拿走；于是，他们开始自我膨胀、盲目自大，在工作过程中开始出现不请示、不汇报的情况；他们认为只要自己行得正、坐得端，一心一意为部门利益着想,上司是不会对自己产生什么不满的；他们坚信上司会“用人不疑，疑人不用”，对自己的放权就是对自己的绝对信任。而恰恰是这种盲目的自信导致他们失去了上司的信任。

有时候上司表面看是在下放权力，任由你大刀阔斧地去干，但如果你总是不请示、不汇报，一味地埋头苦干，那么时间长了，上下级之间那本就脆弱的信任会变得更加不堪一击。俗话说“干得好不如说得好”，一个只会埋头苦干，不善于和上级沟通的人注定是没有大发展的；但大事小情一律向上司请示汇报也不算明智之举，上司会认为你没有能力、魄力，他会不胜其烦。那么，应该怎样向上司汇报工作呢?

一、避免不请示、不汇报的情况发生

上司最苦恼的事情就是不知道自己的下属在干什么、干得如何，

这就需要下属及时地将自己的工作进度汇报给上司，如果上级不问，下级也不主动进行汇报，上级会感到很疑惑，不知道下属对自己所安排的工作是否在认真执行。一个称职的下属，会积极主动、及时地向上司汇报自己的工作，让上司心中有数。

二、根据上司的经验采取不同的汇报方式

汇报工作也是有一定原则的。如果面对的是一个经验丰富、专业知识扎实的上司，在向上司汇报工作的时候可以简单对结果进行汇报，和这样的上司沟通起来不必对专业知识进行大篇幅讲解，只需要将阶段性结果及时汇报，这样可以提高工作效率。但是如果上司对专业知识并不是很了解，下属就必须经常性地对具体工作进展进行汇报，否则就算你认真工作了，上司也会认为你玩忽职守。当上司无法掌握足够的信息和资料时，就会产生一种“事物脱离控制”的恐惧，在这个时候下属如果还把上司的一些指示给忽略掉，更会加重上司的不安全感，进而产生一些攻击行为，这就是心理学中“恐惧产生攻击”的效应。为避免上司这样莫名其妙的“攻击”，事前一定要了解清楚上司的经验和能力，有针对性地选择汇报的内容和方式，要让上司听得明白。

三、勤沟通、善汇报

沟通是维系人际关系必不可少的一环。作为一名合格的下属，更要根据上司的习惯，掌握汇报工作的频率和节奏。在工作汇报过程中，要了解什么事情是需要优先汇报的，对优先汇报的事情要谨慎处理，对于上司没时间过问的一些事，在自己的权限范围内作决定；大事一定要向上司汇报、请示，多倾听上司的建议和想法；在请示的过程中要表现出极大的诚意，对于上司的指示不强加自己的猜测和主观臆断；汇报内容要以事实为依据，简明扼要。上司如果认可你的这种汇报方式，那自然不会多言；若对你的汇报方式不是很满意，上司会主动说出他想要听什么样的汇报，此时你就需要根据上司的要求适当地调整汇报方式，慢慢地磨合与上司的契合度。信任是上司与下属良好关系的基石，也是决定权限大小、汇报尺度的标准，当你的工作汇报被上司认可时，上司会适当地增加你的权限。

掌握以上汇报原则后，还应运用巧妙的方法在汇报时进行修饰和润色，如何汇报能得到上司的好感和信任呢？

一、汇报前做好充分的准备

对自己所要汇报的事情要考虑周全，资料要准备齐全，最好提前拟定好一份汇报提纲，还要对自己所要汇报的工作有清晰的思路并有较强的逻辑和主线，也要做好相应的应急对策，在汇报中能从容地应对上司的突然发问。试想，当上司问你一个问题时，你支支吾吾地回答不出来，你就会被贴上“不能干”的标签。

二、提前预约汇报时间

在请示汇报之前，一定要熟悉上司近期的工作安排，时间上不要产生冲突，也不要贸然地出现在上司的办公室，这个时候上司或许正在接待客户，或许上司此刻的情绪不好。贸然出现，不仅会在无意中冒犯上司，也会让自己在汇报工作时有面临被刁难的可能。

三、思路清晰，有的放矢

汇报工作时切忌长篇大论，滔滔不绝，要做到言简意赅，直达核心。控制好汇报中的详简，先汇报大纲，然后根据上司的反应结合上司的兴趣选择重点进行详细阐述。

四、求同存异，争取支持

和上司的意见出现分歧时要尊重上司，就事论事进行汇报，不唯唯诺诺、不敷衍。保持头脑冷静，听取上司的意见后，把自己的想法和思路告知上司，争取获得上司的支持。如果上司不同意，也要愉快地按照上司的指示执行，切不可阳奉阴违。

汇报工作不是邀功和争宠的手段，而是职场的基本程序，即使不阿谀、不偏颇，也要为自己的辛苦争取一个被肯定的机会，为自己的成就争取一个被认可的机会，通过汇报工作让领导真正地了解你的能力、水平。职场中绝不存在“只可意会不可言传”的情况，想要成功、想要获胜，就要大声地说出来。

认清不可追随的五种上司

“上司”这个称谓由来已久，其中“司”是指古时候封建王朝的行政管理机构，一般归属于中央政权的垂直管理，包括大家耳熟能详的布政司、盐运司、市舶司等部门，这些部门的领导就是司长，那么下级称呼上级部门的领导，自然就是“上司”了，这个称谓就这样一直流传到今天。“上司”在我们的理解中似乎是天生的领导者，他们应具有领袖特质，散发人格魅力；他们可以吸引一群“士为知己者死”的忠心下属，并会用巧妙的言语拴住下属的心；他们善用积极的暗示激励下属，并善于聆听下属的不同意见。好的上司可以督促你成长，使你的职场道路更加广阔，为你提供腾飞的动力与助力。职场生涯顺利与否，在很大程度上取决于你所追随的上司。

那么，如何正确地认识你的上司呢？首先你必须意识到并重视这个问题，然后你还要有一双善于辨人识物的“火眼金睛”，在决定展开你宏伟的职场蓝图之前，一定要弄清楚你的上司究竟是个怎样的人。为了给职场新人提供一点指引和帮助，让他们少走些弯路，在这里分享一些经验和心得。一般来说，以下五种类型的上司不可追随。

一、缺乏成功经验的上司

老话说“强将手下无弱兵”，但如果你的上司屡次失败，还不知自省，反而以沾沾自喜的口吻跟下属炫耀：“看看！我经历的事情多了，经历的失败也很多，但是，像我这样坚持下来的却很少，对我来说失败并不算什么，所以我现在才能取得这样的成就。”这种话听起来很励志，但深思一下，就会发现问题——不怕失败、屡败屡战的精神固然可敬，但是经常以失败为荣的上司也许在思维或性格上存在一定的缺陷。并且，你能从一直在经历失败的上司身上学到什么成功的经验和方法呢？更糟糕的是，他还一直沉浸在自己以往为数不多的成功事例中感到自我满足。一个一直失败还不知反省的领导必然不会是一个好领导。即使你是一只狮子，但如果一直在绵羊的统领下，也不会得到成长。

二、喜新厌旧的上司

当他认为你是个人才，有利用价值时，会对你表现出极高的热情和兴趣，时常称赞你、鼓励你、肯定你。一般刚入职的新人会与上司度过一段互相欣赏的“蜜月期”，这期间，你会从内心崇拜、尊敬你的上司，而你的上司也会对你赞不绝口，虽然偶尔也会听到他在你面前说某些同事的不好，但这并不影响你对上司的看法。渐渐地，你会发现那些被上司批评过的资深老员工，竟然戏剧性地都选择离职而去。当你和这一类上司的“蜜月期”一过，你同样也会被上司冷落和嘲讽以及百般挑剔。因为这类上司最大的问题在于无法客观地评价员工，即使你做过 99 件好事，但只要有一件事情搞砸，你就会被全盘否定。在他的眼里，容不得下属犯一丝错误，他的喜新厌旧会让你立刻失宠，此后再也不见天日。

三、极度追求成功的上司

功利心太强的上司往往属于这一种。他们往往不够踏实、不够务实、目光短浅，只在乎眼前的利益，而不会为单位的长远发展考虑。这类上司会不择手段地达成个人目的，甚至不惜采取一些非法手段。他们不会为下属考虑职业发展规划，更不讲求什么管理之道、领导艺术，他们眼里看到的只有实际的成效和利润！这类上司自私且不择手段，他们会要求下属拼命地为他工作，一旦你无法及时达成他所制定的目标，他定会毫不留情地将你抛弃。

四、朝令夕改的上司

任何一项决策的成败必须经过实践的检验才能证明。如果你的上司制定政策很积极，但是却缺乏耐心去验证决策正确与否，那么，你很不幸，这样的上司会不断地给你制定新的指示和任务。当你接到一项新的指令，甚至还没有策划完毕，上司的撤销令就下来了。他永远不愿意看一眼你费尽心思完成的策划方案，或许那很完美，但是他不会给你付诸实践的机会。遇到这样的上司，下属们会特别忙，工作的成效却不大，下属也会非常迷茫，似乎永远在疲于奔命，却永远不知道目的地在哪里。

五、没有气度的上司

这类上司就像是武大郎开店，根本容不下任何一个比他高的员工。他往往很小气，若是你曾经和他发生过争执，那么你可能会被打入“冷宫”；若是你的才能太过耀眼而遮住了上司的光辉，那么你只能默默地忍受排挤和打压。这种上司最见不得下属有好的成长和发展，就更不要奢望他会去创造任何有利于下属成长的条件了。

除此之外，还有其他几种类型的上司也是我们应该敬而远之的：多疑的上司，认为“人治”胜过一切规章制度，他会时时刻刻出现在你的视线范围内，你的心理负担也就可想而知；爱听甜言蜜语的上司，只爱听别人的赞美，连善意的提醒都听不进去，必然会对员工的成长造成一定的影响；事必躬亲的上司，会长期干预下属的正常工作，不会放权让员工独立去完成工作，跟着这样的上司实在没机会施展拳脚，时刻被上司所左右，根本不会有展示自己或实现人生价值的机会。

适当贬低自己，照顾上司的自尊心

身在职场，很多事都会身不由己。有人把职场比作没有硝烟的战场、没有杀伐的宫斗，分派分系，盘根错节，你与上司“一荣俱荣，一损俱损”。可以说他是你的伯乐、你的引路人、你的对手、你的未来，从你加入这支队伍的那一天起，他就左右着你的职场命运。要想赢得上司的好感，第一步就是要维护好上司的权威和尊严，要让自己的上司有面子！

一、处处给足上司面子

尊重上司是职场人士必备的基本素质，不论上司是正职还是副职都应该一视同仁，表现出该有的尊重和敬意，摆正自己的姿态，让上司始终有被他人仰视的感觉。尤其在外人面前，更应该对上司毕恭毕敬，这也暗含着你对上司的崇拜和敬畏之意。

二、把表现机会留给上司

木秀于林，风必摧之。如果你很有才华，但没有上司做坚强的后盾，那么你的才华就会成为压垮你的稻草。作为年轻的新人，不要过早锋芒毕露，是金子总会被人发现，但这需要看挖金人的心情。把立功和表现的机会让给自己的上司，做好上司的左膀右臂，出谋划策，和上司一起成长，当别人赞美他的成就时，他一定会想到你。所谓“一个萝卜一个坑”，只有当上司升职了，你才有升职的机会。

三、公众场合不和上司唱反调

身在职场，一定要仔细研究上司的心理。无论在工作中还是生活中，上司最无法接受的事情就是下属当众和他唱反调。这种行为虽然让下属一时风光，但会使下属陷入万劫不复之地。虽然上司的决定并不一定都是对的，但在给上司建议的时候一定要注意场合。谨记不要和上司唱反调，公共场合尤其要给足上司面子，拥护上司的决定。

四、会吹小风，把话说到上司的心坎里去

不管是经验多丰富、头脑多聪明的上司，他们都喜欢被恭维，正所谓“千穿万穿马屁不穿”，要学会适时地赞美上司，不论是工作方面还是生活方面，都可赞扬。比如，上司今天穿了件新衣服，要适时地肯定上司的品位；或者你在工作中取得了一点成绩时，也应去感谢上司并适时地赞美上司。只要你用心，无处不能赞美，在你长时间的赞美攻势下，上司也会慢慢地放松对你的警惕，你的低姿态也会赢得上司的好感，有什么可以锻炼人的工作机会上司也会首先想到你。当然了，这里并不是提倡在职场中阿谀奉承，因为喜欢听好话是人之常情，而提意见时也最好能拐着弯地去赞美领导，如此才能把话说到领导的心坎里去。

五、放低姿态，当好陪衬，低调再低调

作为一名合格的下属，首先要把自己的定位搞清楚，不越位、不缺位、不失位，准确定位后，在与上司的交流中放低姿态，即使你很有钱，也请在上司面前装穷吧，请低调再低调，没有任何一个领导喜欢下属的生活比自己奢华，这无疑是在打上司的脸。下属要当好陪衬的角色，你的平庸会使你的上司看起来更加出色；可以适当地装笨，以此来显示上司的精明。但切记不要弄巧成拙，太过做作的表演，明眼人一眼就能看穿，因此，装笨不要适得其反。

推功揽过更容易创造奇迹

《菜根谭》中说："当与人同过，不当与人同功，同功则相忌；可与人共患难，不可与人共安乐，安乐则相仇。"这句话的意思是，应该有与他人一起承担过失的度量，而不该有和他人共同分享功劳的念头，一旦共同分享功劳就会引发相互之间的猜疑、嫉妒；应该有与别人共患难的胸襟，而不该有和别人共同享受安乐的贪心，一旦共同享受安乐就容易导致彼此之间的疏离、仇恨。好的名声不要一个人独享，要学会和别人分享，这样你才不会拉仇恨或被别人算计；出现失误也不要把责任全部推给别人，自己要学会承担，只有这样才能获得大家的认可和赞同。

一只黑猫捉到了一只老鼠，却没有立即吃掉，反而把老鼠戏耍了半天，待老鼠筋疲力尽后又把老鼠给放了。这件事正好被路过的黄狗看见了，黄狗就问黑猫："黑猫，好不容易才捉到它，你为什么不美美地享受一顿美餐，反而放了那只老鼠呢？”黑猫回答道：“老兄，你还真不知道，其实不是我一个人在战斗，我是和我的领导一起来捉老鼠的。它到现在为止都没有抓到老鼠，我怎么能抢了它的风头呢？所以，我必须把我捉到的老鼠给放掉，况且这只老鼠也快没有体力了，还是让领导来抓住它更妙！”

这只黑猫无疑是聪明的。它知道自己作为下属，要适当为领导做出一些“牺牲”,它也明白这样的“牺牲”是一种有回报价值的投资。领导得了功劳之后肯定清楚是怎么回事，作为下属的黑猫虽然没能吃到老鼠肉，但却得到了比一只老鼠更大的实惠——它得到了领导的信任，从而能够获得更多提拔进步的机会。

成功者的共同特质就是懂得“分享”和“担当”，懂得“有舍才有得”的道理。“舍得”几乎囊括了所有的人生处世哲学，只要把握好舍与得的尺度，你就掌握了迈向成功的关键。因此，要想在职场上取得好的发展，就一定要拿捏好舍得的分寸。当然，推功揽过中的“分享”和“担当”,并不等同于平常大家所说的哥们儿义气，而是在公平合理的基础上进行的，只有懂得“分享”与“担当”的人，才能在职场中无往不利。“推功揽过”时要注意以下几点。

一、对于揽过一定要适度

对于领导在工作中的一些小失误，可以由自己来承担过失。但是，绝非所有的过错都能揽到自己身上。比如，你的领导严重违法乱纪，你当然不能代他受罚。在揽过的时候，一定要注意把握度的问题，千万不要做老好人，什么事都自己承担。

二、看准时机

对领导的任何过失都帮他“背黑锅”是极其愚蠢的做法，领导非但不会感谢你，反而会觉得你是一个傻兮兮并且可以利用的人。俗话说“好钢要用在刀刃上”，揽过也是如此。一个聪明的下属一定会选择在领导最尴尬、最没面子的时候，适时地伸出援助之手来帮助领导摆脱困境，此举无异于雪中送炭，领导对这个人的好感度也会直线上升。

三、一定要巧妙地推辞功劳

并不是所有的功劳都可以强加在领导身上，如果下属硬要把个人取得的成绩强加在领导头上，会使他人觉得领导有争功之嫌，而且领导对下属的此举也会非常反感，会认为下属不识时务。所以，在推辞功劳之前，一定要适时地向上司发出一些信号，让上司有心理准备，好让上司可以从容地取舍。另外，在给领导推功的时候，务必要低调，切忌四处宣扬，弄得人尽皆知。否则，得罪了领导不说，还会让其他同事认为你别有用心，进而疏远和冷落你。

远离“小团体”

人与人之间相处久了难免会形成“小团体”，而在职场中不同的人也会根据自己的利益取向自动划分成不同的“小团体”。职场中各个“小团体”之间存在着既合作又排斥的矛盾关系，因为在公司大环境下“小团体”之间处于合作状态，又因为利益分配而产生了排斥现象。拉帮结派早已成了职场中的潜规则。不管你是公司的高层还是基层一线的普通员工，都会面临单位里各种“小团体”的拉拢，那么你会如何选择呢？是保持中立，还是选择一个对自己有利的“小团体”，抑或在“小团体”之间换来换去？

其实，之所以会出现抱团现象，主要是由于缺乏安全感，是人们的依附和归属心理在作怪。人们往往感觉只有“抱成团”才能获得安全感，才能有被庇护的感觉。现代的职场竞争非常激烈，人与人之间总是需要相互帮助的，当你选择靠近某一个团体的时候自然会得到该团体的帮助，但是，在得到帮助的同时，你也会疏远其他团体的人，这样就出现了人事上的不平衡。所以，你要正确地处理好与各个“小团体”之间的关系，谨防自己陷入这样的“小团体”。

一、要区分清楚“小团体”和“小团队”

“小团体”的成员往往在工作中处于合作关系，属于利益的共同体。“小团队”则是以公司利益为核心聚集起来的“小团体”。因此，“小团体”与“小团队”的价值观并不同，对于身在职场的人来说，要积极加入“小团队”，要远离“小团体”。

二、切记不要主动拉帮结派

“小团体”最常见的表现就是彼此成为利益共同体。对于“小团体”的成员来说，拉帮结派可使他们的共同利益得到保障。但是，时间一长，“小团体”的排外性便会显现出弊端，因为“小团体”

的共同利益必会触犯他人或公司的集体利益，所以切不可主动拉帮结派，避免无端树敌。对于公司的发展来说，“小团体”的存在很大程度上破坏了公司的整体性；对于个人而言，“小团体”一旦解散，将会遭受更大的损失。

三、不要脱离正常的团队

在职场中，团队精神是以公司利益为核心的价值观，而“小团体”更注重其自身利益，没有集体观念，从而会做出一些有损公司利益的行为。有的人刚进入单位，为了得到他人的庇护，就主动加入“小团体”，他们以为这样更有利于快速适应新环境，殊不知在这样的心理驱使下，他们会渐渐脱离集体，时间一长，会不自觉地排斥“小团体”以外的同事。因此，在职场中切不可脱离公司这个团队。

四、不要成为“小团体”的眼中钉

如果你是一个正义感十足且刚正不阿的人，那么必然不会趋炎附势，更不会巴结权贵，并且敢于同恶势力作斗争，这样的性格在生活中固然令人敬佩。但是，如果在职场中，此种性格必然会成为“小团体”的眼中钉，在工作中必定会阻力重重。因此，在职场中一定要学会“圆滑”的处世方式。与此同时，自己也要做一个合理的排兵布阵，既能够使自己不深陷其中，还能为自己创造一个相对安全的生存空间，让自己可以在夹缝中谋求自身发展。

怎样应付“揭短”

人都是有自尊心的，尤其不想在众人面前丢脸，更不想在自己在意的人面前丢脸。中国有句古话叫作“打人不打脸，骂人不揭短”。当你的伤疤和短处在众目睽睽之下暴露出来时，那种刻骨铭心的耻辱感会让你终生难忘。也许荣耀和光辉会随着时间的流逝慢慢淡忘，但耻辱的记忆却是人心中永远的痛，甚至会随着时间的流逝而越来越清晰。所以，永远不要去揭人伤疤。当人被“揭短”时会有强烈的羞辱感，一般会有两种反应：一是立即与“揭短”之人发生言语冲突或拳脚相加，甚至会变成生死相搏；二是沉默以对，也意味着默认，此时，被“揭短”的人会为自己的窝囊举动而感到极其愤怒，并对“揭短”之人怀恨在心。在职场中，我们该如何避免被他人“揭短”，如何把自己从被他人“揭短”的尴尬氛围中解救出来呢？

一、切勿以牙还牙

如果你被对方“揭短”，立马以牙还牙，用同样的方法开始揭对方的短，导致双方互相“揭短”，却让旁人看了热闹，使得双方当事人都丢人现眼，还会给旁人留下心胸狭窄的印象。

二、被他人“揭短”时，保持理智，心态平和

在与他人的交谈中，难免会因为一时的怒气而说一些气话，如果你因对方的一些气话而愤怒，对方更会与你针锋相对，如果对方是无意间揭了你的老底，你不妨以平静的心态来对待此事，让对方也做到心平气和。如果对方是故意挑衅，你也不妨很机智地回复一句，然后选择离开，不要一味地纠缠下去，更不要因为对方不友善的“揭短”而大发雷霆，使得场面失控。

三、要保持应有的风度

当被他人“揭短”时，你应该保持一种安然自若的风度，暂时忽视对方的这种语言或行为，然后用一种淡然的态度来表示对对方“揭短”行为的不屑一顾，也可以通过行动来藐视对方的“揭短”行为。比如，当对方用不友善的语气揭你老底之后，你可以先不回应他，随后默默地点一根烟或者端起茶杯喝点水，用这种无视对方的行为来表示对他的不屑，对方看到你的冷淡态度时，他也会觉得无趣从而放弃无谓的言语纠缠，这样就可以避免发生冲突。

四、尽量不怀疑他人别有用心

一般情况下，敢在你面前当众揭你短的人，大多是你的亲人、朋友，或者是你比较熟悉的人，即使在职场中大部分情况下也是关系较近的同事才会互相“揭短”，他们大多数情况下也是随口一说，开开玩笑，根本不是有意与你过不去，也没有想通过言语伤害你的意思。有的时候，即使对方真的是居心叵测地揭你老底，你也要以大度的心态去面对，可以通过“自嘲”的方式来化解自己的尴尬。

要用宽容、平和的心态来对待他人的“揭短”行为，不要让自己因为这些小事而失去该有的理智和风度。牢记“灰姑娘”仙度瑞拉的座右铭——“坚强而勇敢，仁慈而善良”，以这样的态度去对待那些不管是有心还是无心“揭人老底”的人，一笑置之。同时谨记“己所不欲，勿施于人”的道理，也不要去揭他人老底，避免为自己无端树敌。

怎样消除嫉妒

在生活中，有些人看到别人升职、加薪或者得到嘉奖时，他们表面上或许会说一些赞美、祝贺的场面话，但他们心中却并不服气，会认为“凭什么是他”；而有些人却会在他人取得成就时送上真诚的祝福，或者抱以无所谓的态度。其实前者这种微小的心理变化就是一种嫉妒，可以说，每一个人都有一定的嫉妒心理，只不过是程度深浅略有不同而已。

程度较浅的嫉妒，一般隐藏在大家的潜意识中，不轻易被人察觉。比如，一位和自己关系比较好的同事，由于工作出色得到了领导的表扬，或者他在一些工作上做得比你更优秀，此时，因为与他亲近的关系，所以你不会去攻击他、诋毁他，但内心深处总是会有一点不舒服。程度较深的嫉妒，则会不自觉地表现出来，对各方面都超越你的同事，你会明里暗里对他们进行挖苦、讽刺，以此来表达自己的不满情绪。

经研究发现：嫉妒心理不仅会影响到人的身心健康，还会在一定程度上影响日常工作。嫉妒心较强的人，可能结交不到知心朋友。

这些人也往往具有较强的好胜心理，他们甚至会想方设法地去阻碍他人的成功。对于嫉妒心强的人，人们会疏远他、躲着他，甚至孤立他，也没有人愿意与他继续交往，而且这种由嫉妒心理产生的孤独、寂寞之感也不利于人们的身心健康。嫉妒作为事业发展的一大障碍，也是一个人自私和不自信的反映。嫉妒之心对一个人的成长是有害无益的，那么，如何消除我们的嫉妒之心呢？

一、要树立强大的事业心

一个拥有强大事业心的人，会将自己的事业看得比较重，时刻想着为他人做更多有意义的事情，他懂得事业的成功要靠大家的努力而不是靠一个人单打独斗；事业心强大的人会在自己追求成功的路上不断地努力，他顾不上去挑剔周围人的毛病，也不会因为别人的成功而影响到自己追求目标的步伐。

二、要克服自己的私念

在生活中，我们对家人、亲戚取得的进步和成绩会表现出很大的容忍，不会表现出什么负面情绪；而在工作中，那些你自认为和你资历差不多，或者资历不如你的同事取得的成绩超过你时，你就会产生嫉妒心理。这是因为你把家人和亲戚当成了“自己人”，因此，克服私念是消除嫉妒心的首要条件。

三、看到自己的长处，化嫉妒为动力

当你在嫉妒别人的时候，你的关注点只放在了别人的优点上，往往忽略了自己比别人强的地方。每个人都有长处和短处，不要总拿自己的短处去和别人的长处比，别人在某些方面超过我们的时候，我们可以静下心来想一想，自己哪些方面比他强，以此来平衡心态。同时，你也要懂得一个道理——“天外有天，人外有人”，这是客观规律，因此，不必嫉妒他人的成就，因为这世上总有比你强的人。要保持豁达的人生态度，淡然地看待这一切，并且要把嫉妒之心化作自己前进的动力。

我们还可以采用一些心理学的方法来消除嫉妒心理。

一是克制。克制嫉妒心最常用的方法是找人倾诉，因为倾诉是宣泄情绪最好的方式之一。找长辈或者朋友帮助你分析，要敢于说出你遇到的困惑，要敢于去承认自己身上的毛病，把自己深藏的想法都表达出来，这样你的嫉妒心理就可以得到缓解。

二是自我暗示。自我暗示是心理学中最常用的一种解压方法。嫉妒心理也是压力的一种，你可以通过深呼吸、听轻音乐的方式来让自己的身心放松，然后平静地告诉自己：他之所以能取得这样的成就，是因为他付出了很多的努力，如果自己也想取得那样的成就，也应该去努力，只要自己足够努力终能实现目标。只要你能这样想，心态立马就会变得平和。

嫉妒之心是每个人都有的，关键是要懂得如何去引导自己的嫉妒之心，使其可以成为你前进的动力，不要因为嫉妒而扭曲了自己的人格。适当的嫉妒有利于催人奋进；但是过度的嫉妒则会使人萌生恨意，会使人做出一些不理智的行为，轻则伤害他人，重则害人害己。只要保持积极的心态，那么嫉妒之心就会被你完全掌控，变成你前进的动力。

心理测试：从《灰姑娘》童话故事看你的为人

大家都知道《灰姑娘》童话故事，如果你可以扮演其中的一个角色，你希望你的角色是什么？

A. 灰姑娘　　B. 好心的仙女

C. 恶毒的后母　　D. 王子

选择A：你是一个积极乐观的人，坚强而勇敢，仁慈而善良。你是一个天生的乐天派，遇到挫折也不会自怨自艾，会努力地寻找解决问题的办法。但是你也喜欢逞强，在外人面前会表现出坚强的一面，其实不必如此，偶尔接受他人的帮助更有利于你的成长。

选择B：你是一个热心肠的人，开朗率真的性格让你拥有好人缘。你的朋友很多，而且你喜欢尽自己一切能力去帮助你的朋友们。美中不足的是你的个性大大咧咧，有时比较冲动，说话做事不考虑后果，莽撞地往前冲往往容易吃亏。

选择C：你是一个有能力、有才华的人，性格有些高傲，很在意自己留给别人的印象，在任何场合都爱出风头。你比较粗心，往往以自我为中心，不顾及他人的感受，你过强的表现欲有时会招致他人的反感。你应多留意自己的行为举止，改变自己接人待物的方式。

选择D：你是一个喜欢和别人沟通和分享的人，但骨子里有一些优越感和自恋，做事有些固执和急躁，总认为自己是对的，不愿意听取别人的意见。你总认为自己很优秀，但有时候这是盲目自信。你做事时应多冷静思考，谋定而后动，这样成功的概率会大很多。

第八章

社交达人必须掌握的心理学定律

互补定律：我们会喜欢与自己形成互补的人

互补定律是指双方在需求、气质、性格、能力、特长等方面存在差异，但当双方的需要和满足途径恰好成为互补关系时，容易在交往中相互吸引。这表明人不仅有获得认同的需求，也有通过对方获得自己所欠缺的东西的需求。一般来说，容易相处的人都是性格、志趣比较相投的人。但是在现实生活中，结为密友或夫妻的也有不少是性格、志趣不同的人，这就是互补定律的作用。

互补在生活中分为两类：一是需求互补，二是性格互补。

一、需求互补

每个人的需求是不同的，在一定的事项中，不同需求的双方正好可以互补。正因为互补，才成为彼此相互吸引的一个重要因素。

二、性格互补

性格互补的前提条件是双方的价值观一致，在双方价值观一致的前提下，性格上的互补可以建立更融洽的人际关系。比如，控制欲较强的人和一个依赖性较强的人合作，这样可以避免冲突从而降低矛盾产生的概率。同样情况下，急躁型和耐心型、急性子与慢性子、倔强型与柔顺型等这些性格的互补组合是我们工作和生活中比较常见的互补组合。

人们除喜欢与自己性格相近的人交往外，还喜欢与自己性格差异较大的人交往。这是因为人对于自己缺乏的东西有一种饥渴心理。在生活中，如果两个人的兴趣、特长、气质、性格等方面有着较大的差异，反而能相互吸引，这样的交往正好形成了彼此需要的互补关系。一个人如果打算要筹办一个项目，一般情况下，他会选择那些具有他所缺乏的才干和能力的人合作。因为只有在彼此互补的情况下，两者之间才可以取长补短，这对彼此事业的发展都比较有利。这就好比一个军队中，一定有一个总揽全局的将军，一个足智多谋但手无缚鸡之力的军师，一个生性莽撞但英勇善战的前锋，一个踏踏实实、心思缜密的后勤，这就是团队中典型的互补。一个互补的团队，只要运作得好，每个人都能做到人尽其才，物尽其用，反而能发挥出最大的效能。

比尔·盖茨在经营微软一段时间以后，发现自己在管理方面的能力有所欠缺，他的兴趣在技术上，更加关注软件开发，由于能力的不均衡使他经常感到力不从心。于是他决定将公司的管理交给专业的人士，因此找到了鲍尔默，而鲍尔默是真正的管理天才，他对于微软管理的成绩也是有目共睹的。正是因为比尔·盖茨开发软件的天赋和鲍尔默管理才干的互补才使微软取得了举世瞩目的成就。

尺有所短寸有所长，每个人都有自己的长处和短处。所以，我们应该分析清楚自己的性格特征和需求，在工作和生活中寻找能和自己互补的人，促进彼此的成长。

蘑菇定律：埋头是为了更好地修炼自己

蘑菇生长在阴暗的角落，因为得不到阳光、没有肥料，处于自生自灭的生长过程中。只有蘑菇长到足够高、足够壮的时候，才会被人们所关注，但这时候，它们已经能够独自接受阳光和雨露。初入职场的年轻人就如同蘑菇一样，开始时常常会被置于阴暗的角落，打杂跑腿，不受重视，还要接受各种无端的批评、指责，得不到指导和提携，但人的成长就如同蘑菇生长一样，必须经历这样一个过程才能脱颖而出，这就是蘑菇定律。那么，如何做一个积蓄力量、蓬勃生长的蘑菇呢？

一、正确对待“蘑菇期”

新人初入职场确实就像蘑菇一样，无人关注，生存空间有限，阳光也照射不到自己。此时你要摆正心态，在作为蘑菇慢慢生长的时期，慢慢积蓄能量，因为你对社会和经济环境缺乏正确认识，处理问题缺乏经验，对职场人际关系、运营模式也缺乏了解，空有理论和热血，所以经历一段时期的“潜伏”是正常的。请自觉地做一个小蘑菇，慢慢汲取营养和养料，慢慢成长和发展，谋定而后动，等到自己在各方面都足够成熟的时候，必然能获得别人的认可和赞许。

生于1982年的贾玲在2015年春晚的舞台上大放异彩，可爱女汉子的形象深入人心，获得了不少粉丝的支持。可谁能知道在荧幕前笑意盈盈的贾玲也曾经一度失败，遭遇了各种冷遇和挫折。她师从冯巩，在2010年就和她的搭档白凯南登上了春晚的舞台，虽然曾多次出现在荧屏内外的舞台上，但是她一直不温不火。贾玲曾蜗居在北京的一个地下室中，随时面临着付不起房租的可能，她的搭档白凯南也与她分道扬镳。此时的她正如她自嘲的一样——“年纪大、没有男朋友、没事业的‘三无’大龄剩女”。家人也多次劝说贾玲放弃她的梦想，回到小县城找份踏实的工作，但是贾玲却依然默默地坚持着。2013年贾玲参加了湖南卫视的《百变大咖秀》节目，事业依然原地踏步，她一直在等待着，终于等来2015年春晚的演出机会,从而有了使她破茧成蝶的《喜乐街》。贾玲的“蘑菇期”并不算短，但是她心态乐观，坚强而勇敢，若是她放弃了，也就没有了今天的贾玲!

二、做蘑菇不代表要完全低调

“蘑菇期”是你的储备期，但这并不代表你要默默无闻，低调行事。这期间，你需要低调做人，高调做事！事业中的很多机会都是在“蘑菇期”的工作实践中争取的，如果在此期间你不吸收养分，那你永远也得不到提升的机会！在日常工作中不放弃任何可以发挥自己才能的机会，俗话说“该出手时就出手”，不要因为处于“蘑菇生长期”就妄自菲薄，只有这样才能有出头之日。

三、适时进行调整和重新定位，努力缩短“蘑菇期”

尽快缩短自己的“蘑菇期”，许多蘑菇还没有长大就夭折了，生存下来的全是强者。如果你当了太长时间的蘑菇，那么继续坚持下去你可能就成“蘑菇干”了。此时应对自己进行反思和重新定位。或许你不适合、不胜任你现在的工作，你需要聚集全身的能量，找到属于自己的道路，朝着最适合你的地方专注地投入，需找到最适合你的岗位，发挥出自己最大的潜能。持之以恒、坚持不懈地努力，要善于表现自己，充分利用会议发表独特的意见、主动亮出你的成绩、坦然面对职场变化、养成及时汇报的习惯等，寻找脱颖而出的机会。

那么，蘑菇应当怎样尽快成长呢？

一、主动适应环境，尽快钻出地面

职场新人缺乏工作经验，也缺乏担当重任的能力，一开始是无法得到重用的。这时候要消除不现实的幻想，别等环境来适应你。应积极主动地参与社会生活，坦然面对现实环境，丰富自己的生活经验，获得学习与表现的机会。以客观的态度面对困境，冷静地判断形势，加快适应社会的进程，尽快融入新环境，从中获得尽可能多的营养和支持，利用环境尽快成长。

二、多做事，少抱怨

吃得苦中苦，方为人上人。吃苦并非坏事，对于职场新人而言，

“蘑菇期”能够使你对形形色色的人与事有更深的了解，为今后的发展打下坚实的基础。要学着从工作中获得乐趣，只有快乐地工作，才能建立起良好的人际关系。如果对工作一直满腹牢骚、怨气冲天，草率敷衍，认为自己被大材小用，那么以后也很难被委以重任。

三、博观而约取、厚积而薄发

在这个信息爆炸的时代，为了尽快缩短“蘑菇期”，职场新人需要通过正式或非正式的教育途径，不断地学习知识和技能，尽可能多地掌握工作中所需的知识，不断提高自身的综合素质，只有如此才能使自己迅速成长。

苏菲定律：不要因为别人而改变自己

当今世界的变化可以说是日新月异，快节奏、高压力的生活逼得人们越来越不像自己了。在夜深人静的时候，摸着自己跳动的心脏问问自己：“我是谁？”这是一个最简单却又最难回答的问题。我们许多时候的改变是迫于无奈，许多时候的改变是言不由衷，许多时候的改变是违心之举。现在回头看看，自己的改变带给自己快乐了吗？其实很多问题的症结就在于“你不知道该如何做你自己”。心理学中的苏菲定律是一剂良药——“坚守本心，不要因为别人而改变自己”。

有一次，苏格拉底在过河时滑倒在一个深坑里，他不会游泳，只好在水中拼命地挣扎呼救。这时候，有一个人正在河边钓鱼，他听到苏格拉底的呼救声后不仅没有伸出援助之手，反而收起钓鱼竿，若无其事地走开了。幸亏苏格拉底的学生们及时赶到，才救下了他。大家一边帮苏格拉底换掉湿衣服，一边谴责那个见死不救的垂钓者。不久后，那个垂钓者在过河时，一不小心也跌入了深坑。这个人不会游泳，也在挣扎着呼喊救命，恰巧苏格拉底和他的学生们在河边散步，立刻飞奔过去把那人救了上来。等看清救上来的人后，学生们都后悔了，纷纷说道："早知道是这个人，我们是一定不会救他的。"苏格拉底却平静地为落水的人换掉湿衣服，并说："救他，正是我们和他的区别。"

我们身处一个充满流言、谎言和谣言的世界，有些人为了自己不可告人的目的而无耻地制造和传播各种各样的流言和谣言去攻击和诽谤别人，有些人为了自己的蝇头小利不惜去落井下石。面对这些人和事，我们都会愤怒、会反击、会想以其人之道还治其人之身，但仔细一想，我们要和卑鄙的人沦为一丘之貉吗？为了迎合别人，放弃了自己的理想、原则、追求和个性，逐渐沦为平庸，这是我们想看到的吗？那么，如何使自己保持内心平和，做回最初的自己呢？

一、了解自己

世界上最了解自己的人还是自己，你想要什么，你喜欢什么，你要追逐什么……只有自己才最清楚，一个连自己都不了解的人终会一事无成。如果你连自己都不了解，那么凭什么说了解他人、了解世界呢？静下心来，好好地问问自己：我是谁？我想要什么？我是一个什么样的人？只有了解自己，才能跟着自己的本心走。

二、不要因为别人的看法而改变自己

北宋文学家范仲淹曾说："不以物喜，不以己悲。"这告诫我们要坚持自己的原则不受外界的影响。做人不是做给别人看的，不管别人怎样看，都应保持做人的本质不变。如果随外界环境的影响而改变做人的初衷，那么在摇摆不定中永远无法找到自己。自己的事情只有自己最清楚，别人的意见可以参考，但不可盲从。

三、不要因为别人而改变自己做人的原则

很多人都会说："我是看到别人这样，我才这样的……"这就是最大的错误，不能以怨报怨，不可东施效颦。别人怎样是别人的事情，不要因为别人而改变自己做事、做人的原则，这样是得不偿失的。

生物学家孟德尔说过："假如我是我，是因为我生来如此，那么我是我，你是你。可是，假如因为你而我是我，因为我而你是你，那么，我不是我，你也不是你。"这句话简要概括为：坚守本心，不为迎合别人而去改变自己，你就是你，一个独特的自己，一个不同寻常的自己。

以貌取人定律：人们会对容貌美的人更有好感

我们对他人的印象一定程度上取决于他外貌的美丑程度，同样的道理，我们留给别人的第一印象在一定程度上也和我们的外貌有一定的关系。向往美好的事物是人的天性，很少会有人愿意透过邋遢的外表去探求你美丽的内心，只有当第一眼就觉得怦然心动，他人才会有探求你内心的欲望，这也充分说明人是视觉动物。

有这样一个著名的心理实验：心理学家们把一些附有作家照片的文章分发到被测试者手里，让这些参与实验的人员阅读这些文章，这些作者有的漂亮，有的不漂亮，文章的水平自然也是有高有低，作者的漂亮程度和文章的写作水平不成正比关系。可是，最后的实验结果发现，被测试者普遍对人的美丑程度比较关心，反而忽略了文章的精彩程度，也就是说，漂亮的作者写的文章都深受好评，而长相一般的作者写的文章评价也一般。这个简单的实验表明，人们更容易对长相漂亮的人产生好感。

在生活中，以貌取人的事情也经常发生。调查显示，人们的收入与容貌的美丑成正比。也就是说，容貌较好的人的收入往往比长相一般的人收入略高，而且从事的工作也相对比较好。加拿大曾经针对这一现象做过一个专业测试，测试结果是长得漂亮的人比长得丑陋的人赚的钱要多出 75%，在同等条件下，在申请工作的时候，长得漂亮的人比长相丑陋的人更容易获得工作机会。虽然人们总把“人不可貌相，海水不可斗量”挂在嘴边，但是在现实生活中人们都有着“以貌取人”的心理。

《三国演义》中有这样的一个小故事：庞统打算效力东吴，便去拜访孙权，但当孙权看到庞统后，感觉庞统长相过于丑陋，非常不喜。尽管久闻庞统智谋出众，有经天纬地之才，但孙权还是过不了心里这个坎儿，就算鲁肃一直在旁苦苦劝诫孙权不要以貌取人也无济于事，最后孙权还是拒绝了庞统。孙权之所以这样做就是“以貌取人”的心理在作怪。

为什么容貌在一定程度上会影响到自己在他人心中的评价呢？从心理学的角度分析原因如下：漂亮的人让人看着舒服，使人沉湎于美的满足中；由于晕环效应，人们会认为漂亮的人一定还有其他的优点；人们在看电影或电视时，剧中被爱的人往往比较漂亮，会给人们一种错觉，认为只有漂亮的人才值得去爱；同漂亮的人在一起，会有与有荣焉之感。比如，身边有个漂亮的异性，此时个人的自尊心会得到极大的满足，也容易得到别人更积极的评价。

既然容貌对人们的影响如此重要，那我们更应该重视自己的外貌，虽然长相是天生的，但美丽和气质可以通过后天修炼获得。我们可以让自己更整洁一点，发型服饰搭配更合理一点，言谈举止更优雅一点，如此也会给人以美的印象。美是一种生活态度，不仅愉悦自己的身心，也能轻松获得别人的好感，重视外貌不是肤浅，恰恰是一种对自己负责的人生态度。试想，一个对自己都不重视的人会重视他人吗？因此，为了自己，也为了他人，让自己美起来吧，你会发现原来世界可以更加美好！

约哈里窗户理论：透露点秘密给对方

通常情况下，人们习惯于展示自己的长处，隐蔽自己的劣势和不足，有时如果反其道而行之，适当地向对方暴露一些自己的短处，反而更能够赢得他人的信赖和敬重。美国著名的社会心理学家约瑟夫·勒夫特和哈里·英格拉姆将这一提高人际交往成功效率的社会现象命名为“约哈里窗户理论”。该理论是人际交流中介绍自我和相互了解的动态模型，它将人的自我暴露比喻为一扇大的“约哈里窗户”，将每个人心里都存在的四个区域形象地化为窗户的四块玻璃：第一块玻璃是自己了解、别人也了解的“开放区域”，即彼此的姓名、性别、年龄等共享信息；第二块玻璃是别人了解、自己却不了解的“盲目区域”，如自己的一些习惯性动作、情感表露、认知误差等；第三块玻璃是仅仅自己了解、却从不向别人透露的“秘密区域”，如自己的一些内心感受、情感秘密、生活隐私等；第四块玻璃是自己和别人都不了解的“未知区域”，如自己一些潜在的特质、创造能力等。

人与人的交往是一个互动的过程，人际间交往成败与否，人际关系健康发展与否，求职就业成功与否，很大程度上取决于各自的“自我暴露”和相互间的“自我展示”程度。而“约哈里之窗”的大小分布是动态可变的。心理学家认为，当一个人自发地、有意识地向另一个人讲心里话，陈述自己、展现自己时，自我暴露的层次越高，彼此交往的程度就越深。这就是自我暴露形成的“贴近效应”。所以，当对别人开放的区域变大，我们的盲点对于他人来说就变得越小，这样更容易获得对方的信任和好感，更容易使彼此关系进一步加深，也更容易使对方对你开放更深层次的“自我暴露”

区域。而良好的人际关系是在自我暴露逐渐增加的过程中发展起来的，随着信任程度的提高，双方会越来越多地暴露自己。因此，很多人就根据自我暴露的深度和广度来判断人与人之间关系“铁不铁”“近不近”。

自我暴露的层次由浅到深划分为四个层次：第一是情趣爱好方面，如饮食习惯、偏好等；第二是态度，如对人的看法，对政府和时事的评价等；第三是自我概念与个人的人际关系状况，如自己的自卑情绪和家人的关系等；第四是隐私方面，如个体的性经验，个体不为社会接受的一些想法和行为等。

美国心理学家西迪尼·朱亚德认为：自我暴露不仅能拉近双方的心理距离，还会增加彼此的喜欢程度。但无论两人之间的关系多么亲密，每个人心中都有一些不为人知的秘密，有自己的底线和禁区，所以，自我暴露并不是越多越好，需要掌握一定的技巧和分寸。

一、自我暴露的程度和频率要趋于一致

通常情况下，根据心理学的相互性原则，自我暴露的相互程度应该是一致和趋同的。过量和过早的自我暴露会引起对方的情绪慌乱和焦虑，造成对方的怀疑和不安，进而产生自我防卫心理，反而会导致对方的疏远。试想一个不熟悉的陌生人突然跑过来和你吐露心声，你是不是会怀疑他别有所图，反而对他没有好感呢？而太少的暴露不利于相处时的平等和谐，对方会认为你是无法交心的朋友。正确的做法是彼此自我暴露的程度和频率要趋于一致，对等相处。他给你一，你给他一，他出二，你出二，他快你也快，他慢你也慢。

在潜意识中，人们总是会对和自己频率保持一致的人产生好感，所以自我暴露时也要遵循对方的习惯，和他趋同。

二、恰如其分地暴露自己

交往双方可以通过采用自我暴露的方式增加彼此间的信任感和亲密度。但在现实中，我们需要“慧眼识人”，不要向怀有不轨之心的人暴露不该暴露的自我。对比较亲密的朋友可以做较多的自我暴露，对泛泛之交可以做中等程度的自我暴露。选择适当的时机暴露自己的秘密，通过各种渠道向他人传递自己的信息，缩小自己和对方的心理距离，增加彼此的踏实感。

三、循序渐进

两个人彼此熟识是需要时间的。需要彼此的信任及彼此不断的交流。因而“约哈里窗户”的开放要以逐步深入为原则，根据相处的时间，慢慢地扩大暴露面；还要根据“约哈里窗户”的四个层次，不断地依次深入，从“今天天气真好”之类的安全信息慢慢深入个人的爱好、隐私，由浅到深，步步深入。量变引起质变，时间会使友谊升温，人际相处不可一蹴而就，需要循序渐进，慢慢地积累感情。

通过适度的“自我暴露”可以获取对方的信任、理解、同情和认同，从而获得对方的好感，但在运用时要注意以下几点。

一、了解对方的背景、爱好与需求，使自我暴露有的放矢

不是任何自我暴露和示弱都能获得同情，如你在求职面试时，暴露了自己的专业能力不足，非但不会起到积极的作用，还会因此而丧失工作机会。又或者你在一个有信仰的朋友面前大肆讨论你对宗教信仰的不屑一顾，也极易引发对方的反感。所以，要提前做好功课，了解对方喜欢什么、讨厌什么、欣赏什么，在向对方袒露心声中引起对方共鸣，只有这样才能赢得对方的信任和好感。

二、“自我暴露”应自然合理

通过暴露自我信息的开放区，有助于对方更深入地了解自己。过少的自我暴露不利于和他人建立亲密关系，但过多的自我暴露会被看作难以与人相处，被认为是以自我为中心的人。因而，在自我暴露的过程中，我们应该适时、适当地进行自我暴露。太突兀的自我暴露往往令人措手不及、难以接受，在合适的场合下不小心真情流露式的自我暴露更易博得他人的认同。

三、善于聆听，扩大信息开放区

倾听与换位思考能最大限度地缩小自我的盲区，通过虚心向他人请教能知道自己不了解的不足之处，从而可以不断地反思与完善。未知区域是在沟通中不设防的安全区域，通过合作、交流、共享，共同探索彼此的未知区域，这也扩大了双方的开放区域，有利于更好地了解对方。

圈子效应——人没有圈子就会缺乏人脉

圈子的划分多种多样，有以家庭关系组成的私人圈，即以父母、子女、夫妻、兄弟姐妹和亲戚组成的家庭圈；有以小学、中学、大学划分的同学圈；有以居住临近而产生的邻居圈；有以工作关系产生的同事圈和客户圈；有以兴趣爱好组成的兴趣圈；有以收入阶层划分的工薪圈、白领圈；等等。

圈子文化和圈子效应在中国比较特殊和明显，中国人办什么事情都讲究拉关系、认朋友；中国人如果不归在某个圈子中就会没有安全感和归属感，这是中国人际关系复杂性中的一个特点，有圈子才有人际关系，有人际关系才有人脉资源。就好比某人想去医院看病，又怕被医院“坑”，可他又不认识医院的人，于是四处找关系，最后他发现单位的某一个同事的老婆的同学是这个医院的某一位医生的姐姐，通过这七拐八拐的转折，总算是攀上了关系。

随着社会压力的逐渐增大，碍于高楼冷墙的层层阻隔，人们又开始向往彼此间可以互相沟通、互相了解的生活。于是，人们越来越关注与自己有共同爱好或共同之处的人，人与人之间来往越来越密切，从而形成了圈子。圈子产生了一定的聚合力，把陌生的人们汇聚于此，互相交流与沟通。或是志趣相投或是利益驱使，圈子把人们分成了不同帮派。但我们有时也容易陷入“圈套”，虽然每个人都有自己的判断能力，但还不能完全做到明辨是非，不慎被圈子利用也是在所难免的。

每个人都想要加入更多的圈子，以获得更多的人脉资源，但是并不是你想就可以加入这个圈子，也不是你想就能建立和维护一个圈子。一个人际圈子的建立一般会经历以下几个步骤。

一、人际圈关键点的建立

这个圈子的核心是什么？以什么来吸引和凝聚圈中人？这就存在一个筛选的问题，以什么来筛选合适的人呢？一般每一个收入阶层的人都有自己的圈子，一个拿着微薄工资的人绝不会混入贵族圈，因为他们几乎没有共同话题。人们所相处的圈子一般是和自己相似或密切相关的人，性格、兴趣、收入差别太大的人无法形成圈子。生活中你一定会接触到形形色色的人，你可以根据他们的职业、性格、爱好、缺点等进行分类筛选。

二、理性分析

将筛选出的人进行分析排队，列出哪些人是可以加入圈子的，哪些人是可以争取的，哪些人是没有可能性的。

三、明确作用

每个人都会有很多的圈子，这个圈子是炒股票赚钱的，这个圈子是研究文化艺术的，这个圈子是帮助我们办理有关手续的。此时，我们就要明晰他们的不同作用，将自己的人脉扩展到最大化。

圈子有了，想要最大限度地使用圈中的人脉资源，就必须定期维护好你的圈子。那如何维护呢？

一、定期发起集会

再好的感情时间长了也会冲淡，人际关系也是如此，除以圈子核心来建立这个圈子外，定期地发起集会也是必不可少的。抽时间让大家见一见、坐一坐、聊一聊，才能维系这个得来不易的圈子。

二、真心实意、不炫耀、不做作

当相处时间较长时，圈内人彼此之间都是知根知底的，包括各自的优点与缺点。聚会时如果开玩笑，切莫开过分的玩笑，不要揭人伤疤，以免大家伤了和气。真心诚意地帮助别人，能赢得别人的好感。如果圈中人逢场作戏，则圈子不攻自破。圈中人聚会时要热情有度，不显摆、不做作。

圈子的交流让人脉资源互相传递，从传统的介绍到通过圈子互相认识、互相推荐，从网络到私下聚会，再到集体活动，关系网逐渐形成，这极大地发挥了圈子的作用和价值，这是一种人脉资源的共享。不要把自己封闭在一方小天地中，应加入形形色色的圈子，丰富自己生活的同时还可以结识不同的朋友。加入圈子既是给他人的一个机会，也是给自己的一个机会。

心理测试：你有社交恐惧症吗

你在社交场合中能轻松自如吗？你有社交恐惧症吗？赶快来做下面的测试吧。“从不或很少如此”记为 1 分，“有时如此”记为 2 分，“经常如此”记为 3 分，“总是如此”记为 4 分。将所有题目的分数相加，得出总分。

1. 我害怕当众讲话。

2. 在别人的注视下我无法正常做事。

3. 我最害怕在重要的人物面前讲话。

4. 我经常回避和陌生人说话。

5. 看见陌生人，我会不由自主地发抖、心慌。

6. 在人前脸红让我感觉很难受。

7. 聚会等社交活动让我感到恐惧。

8. 我会在梦里见到自己和别人交往时出丑的情况。

9. 我不喜欢被别人议论。

10. 凡是需要以自己为中心的事情都逃避。

结果分析：

10 分以下：社交恐惧症跟你没关系。

11 ～ 24 分：具有社交恐惧症的轻微症状，要警惕症状的进一步发展。

25 ～ 35 分：具有社交恐惧症的中度症状，应该向专业人士请教。

36 ～ 40 分：典型的社交恐惧症，需要接受心理治疗。

图书在版编目（CIP）数据

心理学与社交技巧/ 王丽晶著．—3 版．—北京：中国法制出版社，2020. 8

（心理学世界）

ISBN 978 -7 -5216 -1191 -5

Ⅰ．①心… Ⅱ．①王… Ⅲ．①心理交往 - 社会心理学 - 通俗读物 Ⅳ．①C912. 1 -49

中国版本图书馆 CIP 数据核字（2020）第 124075 号

策划编辑：薛强　　责任编辑：薛强　秦智贤　　封面设计：周黎明

心理学与社交技巧

XINLIXUE YU SHEJIAO JIQIAO

著者/王丽晶

经销/新华书店

印刷/三河市紫恒印装有限公司

开本/710 毫米 ×1000 毫米　16 开　　印张/12. 75　字数/278 千

版次/2020 年 8 月第 3 版　　2020 年 8 月第 1 次印刷

中国法制出版社出版

书号 ISBN 978 -7 -5216 -1191 -5　　定价：39. 80 元

北京西单横二条 2 号

邮政编码 100031　　传真：010 -66031119

网址：http：//www. zgfzs. com　　**编辑部电话：010 -66010406**

市场营销部电话：010 -66033393　　**邮购部电话：010 -66033288**

（如有印装质量问题，请与本社印务部联系调换。电话：010 -66032926）